JN418613

너무도 큰 당신

너무도 큰 당신

양문규 산문집

詩와에세이
2011

책 앞에

서울 생활을 청산하고 낙향한 지 만 12년이 훌쩍 지나가고 있습니다. 그동안 고향의 농막, 천마산 중화사, 천태산 영국사, 기호리 옛집 등을 거쳐 2008년 따듯한 봄날 오늘의 여여산방에 들었습니다.

돌이켜보면 모두 아름다운 시간이었습니다. 그 속에는 기쁨과 행복, 아픔과 상처가 늘 공존했습니다. 꿈과 희망으로 세상을 노래할 때에도 좌절과 절망은 있었으며, 아픔과 상처가 가슴을 저밀 때에도 기쁨과 행복은 찾아들었습니다.

서울에서의 10여 년과 영동에서의 10여 년을 가끔 비교하여 돌아볼 때가 있습니다. 어느 세월 하나 보잘것없고 하찮은 것 없이 모두 소중한 자산입니다. 서울에서의 민예총, 열림원, 실천문학 등은 삶의 외연을 넓히는 데 부족함이 없이 풍요로운 삶을 선사했습니다. 또한 영동에서의 농막에서부터 여여산방까지는 자연의 질서 위에 어떻게 살아야 진정한 가치를 이룰 수 있겠는가 궁구하는 사유를 제공했습니다.

특히 천태산 영국사, 여여산방에서의 10년여 생활은 깊고도 크고 넓은 가르침을 내려주었습니다. 그 자리에는 비가 오나 눈이 오나 언제나 천년 은행나무가 함께하였습니다. 천태산 은행나무는 기쁨과 행복, 꿈과 희망, 고통과 분노, 좌절과 절망 등은 서로 분리되어 있지도 않고 함께하지도 않으면서 그냥 그대로 존재한다는 사실을 깨닫게 해주었습니다.

오래되고 낡은 것이 새로운 것이 될 수도 있고, 또한 새로운 것이 오래되고 낡은 것으로 되돌아갈 수도 있습니다. 그럼에도 많은 사람들은 오래되고 낡은 것으로 새로움을 찾기보다는 새로운 것으로 새로움에 도달하기 급급한 나머지 그것을 새롭게 활용하지도 못한 채 오래되고 낡은 것처럼 버리기 일쑤입니다. 그러나 천태산 은행나무는 오래되고 낡았음에도 불구하고 나날이 새롭습니다.

여기 실린 20여 편의 글은 낙향 이후 2000년부터 2005년까지 천태산 영국사 뒷방지기로 살 때 쓰인 것들입니다. 마음이 움직이는 대로 그때그때의 모습을 고스란히 그려보았습니다. 그리하여 부끄럽기 그지없는 과다감정물입니다. 그러나 그것이 나의 삶이고 내가 걷는 길이라 가감 없이 한자리에 모으게 되었습니다.

솔직히 책으로 묶지 않고 죽을 때까지 영원히 가슴에 담아가고자 다짐한 글들이기도 합니다. 왜냐하면 아픔과 상처를 안고 도망치듯 서울을 떠나 깊은 산중에 자신을 유폐시키며 써내려간 글들이기 때문입니다. 그러나 이 글들이 해진 나를 온전히 치유해주었음을 압니다.

천태산 은행나무는 지난겨울 폭설에 잔가지를 내주었습니다. 이번 폭우에도 잔가지와 파란 은행잎, 은행알을 미련 없이 버렸습니다. 뿐만 아니라 며칠 전에는 굵직한 가지 서넛을 또 스르르 내려놓았습니다. 그러고도 오고 가는 것에 대해 크게 연민하지 않습니다. 삶에 대한 예의로 자연 그대로의 모습을 보여줄 뿐입니다.

천태산 은행나무, 천년의 세월을 뛰어넘어 오늘에 이르기까지 생명을 보듬고 키워 뭇 생명에게 삶의 기쁨과 희망을 노래해주는 자연 그대로의 부처, 너무도 큰 당신입니다.

2011년 한여름

양문규

차례

제2부

제1부

생명의 소리

천태산 영국사에는 천년의 수령을 자랑하는 은행나무가 한 그루 서 있습니다. 은행나무 오른쪽과 앞으로는 산골짜기를 타고 흘러내린 맑은 물이 사시사철 흐르고 있습니다. 이 물들은 은행나무 앞에서 한줄기로 합쳐져 흐르는데, 남고개 쪽에서 흘러내린 물과 북고개 쪽에서 돌아 내려온 물이 한 몸을 만들면서 큰물을 만들어나갑니다.

은행나무 앞에는 망탑봉을 향해 소신공양을 올리는 듯 납작 엎드린 다랑이논들이 펼쳐져 있습니다. 물은 이곳으로부터 백여 미터를 흘러가다가 다랑이논들이 끝나는 계곡 아래로 떨어져 나아갑니다. 저 오랜 세월 동안 은행나무는 천태

산을 오롯이 품고 자연 그대로의 삶을 보여줍니다.

은행나무는 천태산에서 가장 오래된 나무입니다. 뿐만 아니라 영국사를 드러내주는 상징물이기도 합니다. 절을 절답게 하는 은행나무는 영국사의 내력에 대하여 모든 것을 가장 명징하게 드러내주는 객관적 사실입니다. 천년의 세월을 뛰어넘어 오늘에 이르기까지 생명을 보듬고 키우는 살아 있는 자연 그대로의 부처인 것입니다.

나는 오늘도 은행나무 곁으로 걸어갑니다. 영국사 뒷방에 거처를 마련한 이후 은행나무는 내 삶의 전부가 되어버렸습니다. 은행나무와 함께한 시간 속에 시가 들어 있고 내가 사랑하는 모든 것들이 함께합니다. 수많은 세월 동안 보잘것없는 사람들에게 꿈과 희망을 안겨주었듯이 나에게도 은행나무는 삶의 기쁨을 노래하게 하는 존재입니다.

겨울의 끝에는 봄이 있습니다. 입춘이 지나고 우수와 경칩에 이르면 얼어 있던 물상들이 깨어나 기지개를 폅니다. 산과 계곡의 얼음장이 풀리고, 은행나무 앞 다랑이논에서는 개구리들이 울기 시작합니다. 만물이 새 생명을 얻는다는 것은 저 울음소리가 있기 때문이 아닐까요. 나는 그 소리를 들으려고 은행나무 곁으로 걸어갑니다.

영국사 은행나무 곁으로 간다

우수 지나 경칩
큰 울음 울기 위해
산그늘 아래 우뚝 귀 세운다

길 따라 마을 따라
천년,
저 애끓는 은행나무의 울음

어둠 누이고
불문곡절不問曲折, 마을과 사람 감싸안고
황소 눈으로 운다

누군가
새벽이 올 때까지

엎드려,

나무 밑동으로 운다

언 계곡 쩡쩡대고

무논의 개구리도 알집으로 운다

천태산 국사봉에서

망탑봉 지나 누다리

뜨거운 천둥 번개 개똥 소똥으로 운다

—양문규, 「은행나무 곁으로」 전문

저 늙은 은행나무는 봄이면 믿기 어려울 정도로 무수한 파란 순이 돋아납니다. 생명의 소중함과 신비함을 다시 일깨워 주는 것이지요. 여름이면 푸른 물이 짙게 밴 작은 부채 모양의 잎들이 바람을 친구 삼아 흰 그늘을 내려줍니다. 그 그늘은 사막을 걷는 낙타가 오아시스를 만나는 것과 같은 것이지요. 가을이면 노랗게 물든 은행잎들이 동화 속 세상처럼 세상을 환하게 밝혀줍니다. 은행나무는 생의 절정을 노래하는 걸까요. 그러나 그 시간은 잠시입니다. 가을이 끝나고 겨울이면 은행나무는 산중의 폭설 속에 자신의 존재를 지워버리고 묵상의 시간을 가집니다. 동안거에 드는 수도승처럼 가부좌를 틀고 앉아 생의 깊이를 탐구하는 것이지요.

영국사에 머무는 동안 나는 아주 특별한 체험을 할 수 있었습니다. 풍문으로 듣던 은행나무 울음을 직접 들을 수 있는 행운을 가졌던 것입니다. 한 달 내내 은행나무 울음소리와 함께할 수 있었습니다. 검붉은 해가 영국사 뒤편 천태산 너머 서해바다 무창포 검은 물밑으로 떨어질 무렵이었습니다. 그때 나는 능구렁이 울음 같기도 하고 황소 울음 같기도 한, 끊어질 듯 이어지는 애끓는 울음소리를 들을 수 있었습니다.

그날도 나는 여느 때와 마찬가지로 저녁 공양을 끝내고 산행에 나섰습니다. 동안거를 끝내고 잠시 영국사에 머물기 위해 오신 선방 스님 원묵과 함께였습니다. 다랑이논에서는 겨울잠에서 깨어난 개구리들이 울고 있었습니다. 그런데 어디선가 큰 울음이 들리기 시작하였습니다. 은행나무 곁에서 우는 소리 같기도 하였습니다.

처음 그 소리를 들었을 때에는 황소개구리 울음일 거라며 별다른 생각을 하지 않았습니다. 원묵 스님과 북고개까지 걸으면서 생태환경에 대한 이야기를 나누었을 뿐입니다. 나는 황소개구리를 보거나 울음을 들은 적이 없지만 그 심각성은 이미 알고 있었습니다. 그러나 우리는 곧 황소개구리 울음은 아닐 것이라 단정하게 되었습니다. 이 깊은 산중에까지 황소개구리가 올라와 살 리도 없으며, 만약 황소개구리라면 아직까지 그 소리를 못 들었을 리 없기 때문입니다.

산행을 마치고 돌아오는 길에 다시 은행나무 곁에서 멈춰섰습니다. 지금까지 들어본 적 없는 이상한 울음소리가 계속 흘러나오고 있었습니다. 원묵 스님은 별안간 울타리를 넘어 들어가서는 은행나무에 가만히 귀를 대는 것이었습니다. 스님은 나에게 어서 들어와 은행나무에 귀를 대보라고 손짓하였습니다. 머리가 하늘을 향해 솟구치는 것 같았습니다. 신비롭기보다는 무서운 생각이 앞섰기 때문입니다.

먼 옛날부터 오늘에 이르기까지 천태산 은행나무에 대한 전설은 여러 가지가 전해지고 있습니다. 그중에서도 울음소리와 관련된 전설은 가장 신비로우면서도 아픔을 더해줍니

다. 은행나무가 슬피 울면 그것은 곧 국난이나 국상 등 환난과 재난을 예고하는 것이라 믿고 있기 때문입니다. 민족상잔의 비극을 안겨준 6·25전쟁이 일어나던 해에도, 육영수·박정희 내외가 죽었던 해에도 은행나무는 어김없이 울었다는 것입니다.

그러나 나는 그 전설을 믿지 않고 지내왔습니다. 말하기 좋아하는 사람들이 지어낸 이야기로 치부하면서 살아왔습니다. 만약 은행나무가 운다면 그 울음은 어떤 환난이나 재난을 예고하는 소리가 아니라 봄을 알리는 생명의 소리일 거라 여겼기 때문입니다.

다시 봄입니다. 아침저녁으로 찬바람이 몰아치지만 한낮의 바람은 따스한 봄날에 가까이 와 있습니다. 무릇 봄은 소리의 계절입니다. 소리는 생명의 눈을 가지고 있습니다. 나는 그 소리를 들으러 은행나무 곁으로 걸어갑니다. 검둥개도 따라나섭니다. 하늘을 우러러, 길 따라 마을 따라 끊어질 듯 이어지는 애끓는 은행나무의 울음소리를 듣기 위해 검둥개도 따라나서는 것입니다.

천태산 은행나무는 천년을 넘게 생의 중심을 잃지 않고 서 있습니다. 나뭇등걸 속에 울음을 내장하고, 더 큰 울음을 키우고 있습니다. 지난봄 내내 나는 그 울음소리를 들으며 은행나무 곁을 떠나지 못하였습니다. 그것은 생명의 소리였습니다. 겨울에서 봄으로 오는 소리, 미혹의 세계에서 각성의 세계로 오는 생명의 소리였습니다. 천태산 은행나무는 누대에 걸쳐 좌절과 절망을 제 울음으로 감싸고 누군가에게 사랑과 꿈을 안겨주었던 것처럼 오늘도 그렇게 웁니다.

나의 삶에도 큰 울음이 배어 있길 소망합니다. 나는 생명의 소리를 들으러 은행나무 곁으로 다가섭니다. 먼 훗날 누군가도 은행나무 곁으로 다가서길 바랍니다. 봄이 오면 천태산 은행나무는 어김없이 생명의 소중함을 일깨우는 우렁찬 울음을 울 것입니다.

흰 소의 눈을 가지고 있다

영국사에는 진도산 흰둥이 한 마리가 절 식구들과 함께 살고 있습니다. 흰둥이는 은행나무 곁에서 꼬리를 흔들며 절을 찾는 신도들을 제일 먼저 반깁니다. 말 못하는 짐승이지만 저놈만큼 정이 깊은 짐승도 드물 것입니다.

흰둥이의 어미는 진도산 검둥개 영순이입니다. 영순이는 지금 흰둥이가 그렇듯이 스님과 공양주와 함께 절집의 식구로 함께 살았습니다. 개가 어찌 절집의 식구냐고 의아해하겠지만 절에서는 개도 어엿한 한식구랍니다. 스님과 공양주가 부득이 절을 비우게 될 때면 검둥개 영순이가 홀로 남아 절을 지킵니다. 지금은 본래 주인에게 돌려줘 절에 없지만 영순이는 참 영민한 짐승이었습니다. 절을 찾아온 신도들이나 관광객들에게 길동무가 되어주곤 하였지요. 그들과 함께 은행나무 곁으로, 망탑봉으로, 멀리 남고개까지 동무가 되어주었답니다.

그런 영순이가 예쁜 강아지를 네 마리나 낳는 경사가 있었습니다. 저를 꼭 빼닮은 검둥이 두 마리에다가 흰둥이와 호피를 각각 한 마리씩 낳았는데, 그날부터 공양주 보살의 얼굴엔 웃음이 떠나지 않았습니다. 맛난 음식을 챙겨주고 목욕을 시켜주는 등 마치 개를 대하는 것이 제 살붙이를 돌보는 것처럼 지극정성이었습니다. 유별나게 개를 좋아하는 공양주 보살을 영순이도 제 어미처럼 따랐답니다. 오죽하면 스님을 비롯해 나와 처사까지 공양주 보살을 '영순이 엄마'라고 불렀겠습니까.

강아지들이 커가면서 장난이 이만저만 아니었는데, 그중에서도 지금 영국사에서 살고 있는 저 흰둥이가 유난스러웠습니다. 그놈이 하는 짓은 꼭 심술궂은 놀부를 닮아 있었는데요, 제 배가 부르면 밥그릇 차기, 뒤엎기 등 심술이 끝이 없었습니다. 저희들끼리 장난을 치다가도 심사가 꼬이면 다른 강아지들의 목을 물어 종종 피를 흘리게 할 때도 많았습니다. 언제나 흰둥이 저놈이 문제였지요. 어디 그뿐인가요. 스님의 고무신이나 내 운동화를 잘근잘근 씹어 못 쓰게 만드는 것도 다 흰둥이 짓이었는데요, 그래도 하는 짓이 귀엽기만 한지 스님은 영국사에 새 물건이 생겼다고 마냥 허허거리기만 하셨답니다.

한 번은 밤사이 이 말썽꾸러기 흰둥이가 감쪽같이 사라진 게 아니겠어요. 공양주 보살과 우리는 흰둥이를 찾아 나섰지만 결국은 찾지 못하고 걱정만 하고 있었는데요, 역시 새끼를 찾는 건 어미인가 봅니다. 영순이가 보살의 치마를 물고 자꾸만 어디론가 따라오라는 시늉을 하며 끙끙대는 것이었는데요, 우리가 영순이를 따라가보니 참 기가 막히게도 해우소가 아니겠어요. 어린 흰둥이가 똥통에 빠진 거였지요. 똥통에 빠진 흰둥이를 상상해보세요. 물에 빠진 생쥐 꼴은 저리 가라였지요. 신통하게도 제 새끼를 살린 건 어미개 영순이였답니다.

개는 검으나 흰 소의 눈을 가지고 있다

영동군 천태산 영국사
진도산 개 한 마리 가부좌를 틀고
움 속의 반야심경을 왼다
아제아제 바라아제 바라승아제 모지 사바하

해 떨어지기 전
하루에 한 번씩 빛의 소리를 훔치고
어둠이 내리는
서쪽을 향해 낭창한 울음 짖어댄다

적묵당寂默堂 뒤로
오늘 저녁 수천수만의 별들이 쏟아진다

세상의 끄트머리가 흰 길인가
사람을 낚는
검은 개

절 마을 잠든 곤한 새벽

별빛을 좇아 움 속의 반야심경을 왼다

—양문규, 「검은 개」 전문

『열반경』에서는 모든 중생에게는 제각기 불성佛性이라는 것이 있다고 적고 있습니다. 모든 중생은 바로 그 불성 때문에 수행을 하면 번뇌 망상에서 벗어나 깨달음의 경지에 이른다고 불교는 가르치고 있습니다. 부처는 자연 속에, 그리고 사람의 마음속에 어떤 형태로 존재하는 걸까요. 이 세상 모든 사람들의 마음속에 불성이 있다면 누구나 스스로의 내면에 부처님다운 면모를 지니고 있는 것과 같은 것이겠지요.

불가佛家의 화두 가운데에는 조주 선사의 무자無字 화두가 특히 유명합니다. 당대에 한 스님이 조주 선사에게 개에게도 불성이 있는지 묻자 없다고 대답하였답니다. 조주 선사를 찾아온 스님은 왜 개에게도 불성이 있는가라고 물었을까요. 그리고 조주 선사는 왜 개에게는 불성이 없다고 답했을까요. 불교의 가르침에는 분명 모든 중생에게는 불성이 있다고 했는데 말입니다.

우리는 '모든 중생에게는 불성이 있다'는 부처님의 말씀과 '개에게는 불성이 없다'는 조주 선사의 화두 사이에서 어느 쪽도 선택할 수 없는 어려움에 빠질 것입니다. 참으로 개에게는 불성이 없는 것일까요. 조주 선사가 '개에는 불성이 없다'고 한 말씀은 어떤 의미를 담고 있을까요.

영국사에 머무르면서 흰둥이와 함께하는 시간이 많아지고 있습니다. 산행길에도 그렇거니와 은행나무 곁으로 걸어갈 때에도 흰둥이가 따라나섭니다. 내가 집으로 가기 위해 누다리로 향할 때에도 눈치 없이 따라나서곤 합니다. 저나 나나 외롭기는 마찬가지이니 함께하자는 것이겠지요. 사람과 짐승의 관계가 한식구처럼 정으로 사는 것이 어찌 산중의 생활에서만 그러하겠습니까.

나는 가끔 검둥개 영순이가 그랬듯이 흰둥이도 사람을 많이 그리워한다는 것을 느낄 때가 많습니다. 다음 생에는 흰둥이가 사람으로 태어나길 소망해봅니다. 그의 눈빛은 제 어미 영순이같이 늘 젖어 있습니다. 무언가를 갈구하는 듯한 눈망울, 그들이 원하는 게 혹 나처럼 '사람으로' 살고자 하는 데에서 시작하고 있지는 않은지 모르겠습니다. 내가 산방에 들어와 오늘 이날까지 있는 것처럼 그도 어미와 형제를 떠나보내고 홀로 이곳에 남아 무언가를 키워나가는 것이겠지요.

개는 검으나 흰 소의 눈을 가지고 있습니다. 움 속에 가부좌를 틀고 앉아 있는 모습이 마치 수도승 같아 보입니다. 어둠이 내리는 서쪽 하늘을 바라보며 낭창한 울음을 쏟아내는 모습이 마치 반야심경을 외는 것처럼 보이니까요. "가는 자여, 가는 자여, 지혜의 바다로 나가는 자여, 그 길 아름다워라." 오늘 밤에도 적묵당寂默堂 뒤로 수천수만의 별들이 쏟아져 내립니다.

절 마을 잠든 곤한 새벽, 나도 별빛을 좇아 반야심경을 외어봅니다. 아제아제 바라아제 바라승아제 모지 사바하.

집으로 가는 길

잠시 은행나무 곁을 떠나 집으로 가는 길, 차창 밖으로 바라보는 풍경이 마음을 설레게 합니다. 산사의 풍경과는 달리 봄날의 들녘은 생동감이 넘치는 기운으로 가득합니다.

일흔도 넘어 보이는 농부들이 논에서 밭에서 일을 하고 있습니다. 과수원에서는 거름주기가 한창이고요. 포대에 가득 담긴 퇴비가 꽤나 무거울 텐데 거름을 져 나르는 발걸음이 가벼워 보입니다. 포도밭과 배밭에 뿌려진 거름에서는 두엄 냄새가 코를 자극합니다. 요즘은 대부분 발효시킨 닭똥을 인분 대신 쓰고 있지만 그 냄새 역시 인분 못지않게 역겹습니다. 그러나 그 냄새가 아주 싫지만은 않은 걸 보면 어쩔 수 없는 농부의 자식인가 봅니다. 평소 아버지께서 '똥이 곧 밥이다'라고 말씀하시는 걸 들으며 자랐으니까요. 한쪽 밭에서는 지난해 수확하고 미처 뽑지 못한 고춧대를 뽑아내고 밭을 갈아엎고 있습니다. 여기저기 흩어진 폐비닐들이 바람에 나뒹굴고 있습니다. 노동의 힘든 잔해이지요. 바쁜 일손이 아직 거기까지는 미치지 못한 듯합니다.

검게 탄 논둑과 밭둑엔 파릇하게 쑥들이 얼굴을 내밀고 있습니다. 볕이 가득한 양지쪽엔 벌써 냉이며 꽃다지가 도토리 키 재기를 하며 꽃을 피웁니다. 키랄 것도 없는 고 작은 키를 가지고 말이지요. 먼저 꽃을 피운 봄까치꽃의 연한 보라색이 하얀 빛깔, 노란 빛깔과 어울리며 봄날을 더욱 눈부시게 밝힙니다. 봄을 시작하는 꽃들은 어쩌면 저리도 작고 여리기만 한 것일까요. 세상에 갓 태어난 신생아처럼 너무나 여리게만 보입니다. 소소한 바람에도 발걸음을 붙잡고 자꾸만 뒤돌아보게 합니다.

우리의 들녘에 돋아나는 풀들은 알고 보면 거진 다 먹을거리입니다. 벌금자리, 냉이, 달래, 씀바귀, 돌나물, 쑥 등등 입맛을 돋우어주는 나물들로 가득합니다. 내가 어렸을 때만 해도 언 땅이 채 풀리기도 전에 냉이를 찾는다고 동네 아이들과 처녀들, 그리고 아주머니들이 들녘을 헤집고 다녔습니다. 종알종알 잠시도 쉬지 않고 떠들어대던 아이들을 종달새 같다며 하얀 웃음을 짓던 아주머니들의 모습이 어제 일처럼 생생하기만 합니다. 그런데 종달새 같던 그 아이들은 다 어디로 떠나고, 앙상한 포도나무를 닮은 할머니 홀로 포도밭에서 나물을 뜯고 있는 것일까요. 푸른 보리밭을 헤집으며 콧노래를 부르던 처녀들의 모습도 온데간데없습니다. 보리밭 대신 휑한 포도밭에서 나물을 캐는 할머니의 모습만이 애처로워 보일 뿐입니다.

집으로 들었을 때 부모님은 안 계셨습니다. 삐거덕 대문 여는 소리에 뜨락에 내려앉아 있던 따스한 봄볕만이 화들짝 놀라 반길 뿐입니다.

우리 집은 인삼 농사와 배 농사를 짓고 있습니다. 칠십 가까운 부모님은 이른 아침 밭으로 나가셨을 것입니다. 아버지는 배밭에 거름을 뿌리고 있거나 새 인삼밭을 꾸미기 위해 지주목을 세우고 있겠지요. 관절염으로 고생하시는 어머니는 병원에 가서 물리치료라도 받으셔야 할 텐데, 농사에 필요한 자재들을 구하기 위해 읍내 시장에 가셨는지도 모르겠습니다.

영국사에서 집으로 가는 길

산수유 가지 위
새들이 안팎 없이 노닌다
노오란 꽃잎,
쪽빛 물구덩 노랗게 물들인다

그 속을 참개구리
암팡지게 기지개 펴며
물방귀를 뀐다

논밭에선 농부들이 분주하게 움직인다
노인의 허리 굽은 삽질
아버지도 배밭에 거름을 뿌리고 있겠지
삶의 검붉은 때 배꽃처럼

환하게 꽃 피울 수 있을지
썩은 두엄더미 옆으로 개가 지난다

집으로 돌아가는 길
많은 꿈들 울음으로 메마른
그 못난 사내,
앞길 열어 보여주기도 하면서
산채만 한 슬픔이며 아픔,
살포시 감싸안아주기도 하는 것이다

—양문규, 「집으로 가는 길」 전문

아버지의 봄은 어쩌면 서러운 봄일지도 모른다는 생각을 하게 됩니다. 밥이 되지 않는 농사는 분명 설움일 것입니다. 칠십 평생 지은 농사의 대가가 빚만 더했다면 그것은 분명 슬픔일 테지요. 그래서 봄날 들녘에 피어나는 꽃들이 농부들에게 기쁨을 안겨주기보다는 수지에 맞지 않는 들일을 시작해야 하는 서러움의 꽃일 수도 있겠다는 생각을 가져봅니다. 힘든 노동의 시작을 알리는 것이 아닐까, 그런 생각을 지울 수가 없습니다.

고향집 툇마루에 앉아 지난날들을 되돌아보았습니다. 이십 대 후반에 가까스로 시인이 되었을 뿐, 제대로 이룬 것이라곤 아무것도 없습니다. 시인으로서의 언어는 짧고, 그 바닥 역시 얇어 허울뿐인 시인으로 살아왔습니다. 시적인 고향을 찾아서 잃어버린 세계를 찾아서, 그 세계 속에 내재한 정신적 고향을 좇아 산굽이 에돌아 산사로 들었지만 시는 보이지 않습니다.

시인은 눈에 보이는 것들을 뛰어넘어 보이지 않는 세계까지 들여다볼 수 있어야 합니다. 듣는 것 역시 마찬가지입니다. 가시적인 세계만을 노래해서는 시인이라고 할 수 없겠지요. 나는 아직 시인이 아닌가 봅니다. 가시적인 세계만을 바라보고 있으니까요. 저 심연으로부터의 울리는 소리를 들어야 하는데 말입니다.

산비알밭에서 노부부가 지주목을 세우는 걸 우두커니 바라봅니다. 저분들도 우리 부모님처럼 농사를 천직으로 알고 계시나 봅니다. 칠십 평생 힘들게 농사지은 대가가 빚만 남았다면서도 농사를 버리지 못합니다. 거름을 뿌리고 지주목

을 세우는 아버지의 힘겨운 삽질도 계속되겠지요. 삶의 검붉은 때가 배꽃처럼 환하게 꽃 필 때까지 계속될 것입니다. 빚만 늘어가는 설운 농사이지만 아버지의 봄은 서러울 수가 없습니다. 온 생애를 바쳐 지은 농사가 쭉정이로 남아 있어도 아버지는 이 들녘을 희망으로 노래할 것입니다.

썩은 두엄더미 옆으로 개가 지나갑니다. 들녘은 못난 사내에게 새로운 봄을 건네줍니다. 많은 꿈들이 울음으로 메마른 차디찬 가슴을 어루만지면서 앞길을 열어 보여주기도 합니다. 집으로 가는 길, 나에게도 봄은 아버지의 들일처럼 분명 희망을 노래하는 시가 되었으면 합니다. 생명의 환희를 노래하는 봄꽃들로 송알송알 노래하고 싶습니다.

눈이 오는가

영국사가 하얀 눈 속에 파묻혔습니다. 어이하자고 눈이 오는 것인지, 서설瑞雪치고 많은 눈이 내리고 있습니다. 스님은 "꽃샘추위에 설늙은이 얼어 죽겠다."며 아주 오래된 농담을 꺼내어 풀어놓습니다. 공양주도 "설을 거꾸로 센 모양"이라며 한마디 거들지만 싫지만은 않은지 얼굴 가득 웃음입니다. 그러나 시간이 지나면서 엄청나게 쌓인 눈으로 절 식구들의 표정이 밝아 보이지 않습니다. 누다리로 가는 길이 끊기고, 가까스로 풀린 북고개 산길도 다시 빙판으로 변하겠지요. 한동안 절집은 한겨울 폭설에 갇혀 눈이 녹을 때까지 꼼짝없이 또 그렇게 지내야 할 것입니다.

영국사에 똬리를 틀고 산 지도 다섯 해가 되었습니다. 산중의 3월, 진눈깨비가 희뜩희뜩 흩날릴 때가 더러 있었습니다. 비도 눈도 아닌 진눈깨비는 땅에 닿기도 전에 제 몸을 남기지 않고 봄날 속으로 사라지곤 하였지요. 오늘처럼 폭설이 내리는 것은 처음입니다. 예상치 못했던 눈 때문에 스님과 공양주, 처사는 어안이 벙벙한가 봅니다.

물오른 나무들이 눈 속에 파묻힙니다. 눈을 잔뜩 지고 있는 나무들이 걱정입니다. 소나무 위에 쌓인 눈이 마치 지붕으로 눈을 얹혀 놓은 것처럼 보입니다. 가지가 부러진 나무는 둥치만 휑하고, 어린 나무는 허리까지 꺾여 쓰러져 있습니다. 지난겨울 설해목들의 비명 소리에 잠을 설치기도 했었는데, 또다시 나무들의 처절한 소리를 듣게 되어 마음이 아픕니다. 눈은 한순간 세상을 환히 밝혀주기도 하지만 경칩을 눈앞에 두고 모든 것을 한겨울 속으로 다시 몰아넣고 있습니다.

남고개 양지바른 언덕에는 아기 손톱만 한 연보라색 꽃잎을 앙증맞게 매단 봄까치꽃들이 봄을 알린 지 오래입니다. 은행나무 앞 무논에서는 개구리들이 울기 시작했고, 산수유나무 가지들도 샛노란 꽃망울을 총총 매단 지 오래되었는데,

폭설이라니요. 가는 겨울이 오는 봄을 시샘함이 아주 큰가 봅니다. 아니, 봄에 꼬리를 밟힌 겨울이 장렬하게 죽기 위해 몸부림치는 것인지도 모르겠습니다.

산수유 생강나무 가지마다
저 노란 마음
숲에서 그 집 마당까지
꽃비, 무늬져 내리는데

내 사랑하는 사람은
봄비보다 더 푸르게 눈뜨고
봄바람보다 더 빠르게 젖는다

봄까치 졸방제비 쌍둥이바람
쇠별 벼룩이자리
쭈빗쭈빗
송알송알

꽃보다 붉은 기억
햇빛 가득 껴안고
나비보다 먼저
강 마을에 닿는다

—양문규, 「눈이 오는가」 전문

남쪽에는 지금 매화 축제가 한창일 것입니다. 한 잎 두 잎 벙글어진 매화꽃에 벌 나비보다 먼저 달려든 눈송이를 꽃들은 온몸으로 받아들이고 있겠지요. 그런가 하면 영국사에는 아닌 밤중에 홍두깨라고 눈 때문에 신나는 놈이 있습니다. 진도산 흰둥이입니다. 따스한 봄볕 아래 누울장에 누워 단잠만을 청하던 흰둥이가 바빠지기 시작했습니다. 이리저리 펄쩍거리며 제 세상을 만난 것처럼 눈밭을 빠대고 다닙니다.

눈 오는 날은 대단한 행운이 하늘에서 떨어진 것처럼 나도 산방을 뛰쳐나와 무릎까지 빠지는 눈 속을 헤집고 걸어다니곤 하였습니다. 은행나무 곁을 서성이다 망탑봉을 오르기도 하고, 산길을 따라 멀리 강가를 다녀오기도 하였지요. 오늘도 나는 온종일 흰둥이처럼 천태산 곳곳을 누비며 눈바라기를 하였습니다. 꺼놓았던 휴대전화도 열고 문자도 날려보았습니다. 무거운 눈을 이기지 못하고 안쓰럽게 부러진 나뭇가지의 눈을 털어주기도 하면서 머리엔 구름 모자를 쓰고 돌아다녔습니다. 어이하자고 눈이 오는가.

천태산 영국사는 눈 속에 갇혀 있지만 그 속에는 봄볕이 깊숙하게 배어 있습니다. 나뭇가지에 하얀 눈꽃이 피었지만 그 속에는 파릇파릇 새순이 움트고 있습니다. 산수유나무와 생강나무 가지들이 피워내는 환한 마음이 숲 속에서 내 사랑하는 그 집 마당까지 환하게 밝혀줄 것입니다. 졸방제비, 쌍둥이바람, 쇠별, 벼룩이자리가 꽃수레에 가득 햇빛을 둥글게 머금고 쭈뼛쭈뼛, 송알송알 자태를 뽐내며 꽃을 피울 것입니다.

봄으로 가는 길은 참으로 아름답습니다. 명덕리로 가는 길옆 저수지에는 하늘에 떠 있는 구름장만 한 얼음장이 하얀 눈을 덮어쓰고 물 위에 떠 있습니다. 그러나 그 물 밑으로는 물고기들의 힘찬 유영이 시작되겠지요.

어제까지는 황사가 심했는데, 이 눈이 그치면 잘 닦인 안경을 썼을 때처럼 선명한 산경山景을 볼 수 있을 테지요. 밭

둑에 쑥들도 서둘러 고개를 내밀겠지요. 어디 저 여린 풀들만 그러하겠습니까. 겨울을 터는 분주한 발자국들이 이 산중을 깨울 것입니다. 절집 처마에 매달린 쇠붕어 소리가 뎅그렁뎅그렁 눈발에 섞여 날아갑니다.

사랑하는 사람들은 지금 통화 중일 것입니다. 그리고 집을 나서겠지요. 봄비보다 더 푸르게 눈뜨고, 봄바람보다 더 빠르게 젖을 것입니다. 꽃보다 붉은 기억, 흐르는 물에 비춰보며 나비보다 먼저 강마을에 이를 것입니다.

내 사랑하는 사람은 지금 부재중입니다. 폭설에 갇힌 나는 휴대전화를 꺼내들고 문자를 날려봅니다. 눈이 오는가, 어이 하자고 눈이 오는가.

화암사에 오른다

얼레지꽃을 보기 위해 완주 불명산佛明山 화암사花巖寺를 다녀왔습니다. 심심산골에서만 자라는 우리의 토종 꽃 얼레지는 흔히 볼 수 있는 야생화가 아닌 탓에 그동안 식물도감을 통해서만 보아왔습니다. 그런데 며칠 전 스님에게 불명산에 얼레지가 자생하고, 지금쯤 만개했을 것이란 이야기를 듣고 서둘러 길을 나섰던 것이지요.

영국사에서 화암사까지 가는 데에는 1시간 30여 분이 걸렸습니다. 비단결처럼 아름다운 금산을 거쳐 대둔산 도립공원을 지나갔습니다. 이 길은 전에 가본 적이 있었지만 몇 번씩이나 차를 세우고 길을 물으며 화암사를 찾아갔지요. 빨리 얼레지꽃을 보고 싶은 마음에, 행여 길을 잘못 들어 시간을 빼앗기고 싶지 않았기 때문입니다. 운주를 지나 경천으로 들어서면서 마음이 더 급해졌습니다. 길옆에 '화암사'라고 적힌 조그만 팻말이 분명 붙어 있다고 들었는데 급한 마음에 지나친 듯싶어 들밭에서 일하는 농부들을 꽤나 귀찮게 했지요.

작고 보잘것없는 '화암사' 팻말이 소박하게만 보였습니다. 마치 오랫동안 지켜봐온 것처럼 낯설지가 않았습니다. 그곳으로부터 마을로 이어진 시멘트 포장길을 가면 조그만 산촌마을이 나타납니다. 들녘에는 인삼, 포도, 채소 등 다양한 농사가 지어져 있었고, 갖가지 묘목들이 가지런히 심어져 있었습니다. 특히 대추나무가 많이 눈에 띄는 마을이었습니다. 산속으로 난 포장도로를 조금 더 올라가니 화암사로 오르는 작은 오솔길이 있었습니다. 그곳에 차를 세우고 꽃과 나비가 이끄는 오솔길을 따라 발걸음을 옮겨놓았습니다.

물소리 크게 들리는 산길로 접어들자 땅바닥에 두 잎을 누이고 가느다란 꽃대에 앙증맞은 연보라빛 꽃을 매달고 있는 한 무리의 꽃단지가 나타났습니다. 얼레지꽃이었지요. 여느 꽃들처럼 꽃잎을 활짝 벌려 피는 것이 아니라 쪽찐 여인의 머리처럼 꽃잎을 뒤로 말아올려 서로 맞닿은 모습이었습니다. 꽃 속의 긴 보랏빛 암술대며 이를 둘러싼 수술대가 고스란히 드러나 있었습니다. 제 속내를 봄볕에 완전하게 보여주는 것이지요.

얼레지는 기후에 민감한 봄꽃인가 봅니다. 제 스스로 아침과 저녁, 한낮을 구별한다니까요. 구름이 가득한 쌀쌀한 날에는 꽃이 오므라들어 긴 종 모양을 하고 새초롬히 있다가도 한낮의 따스한 햇볕을 받으면 오므라들었던 꽃이 열리면서 뒤로 젖혀져 쪽찐 머리를 한답니다.

화암사 주변은 우리나라 최대의 얼레지 군락에 걸맞게 발길 닿는 곳마다 얼레지꽃이 지천이었습니다. 하지만 이 얼레지 역시 여느 봄꽃과 마찬가지로 봄볕 속에 머무는 시간은 매우 짧은가 봅니다. 얼레지가 지상에서 흔적을 감출 때면 이미 봄날은 가고 말 테니까요. 두 장의 잎새는 푸른 바탕의 갈색 얼룩무늬가 점차 커지면서 여름이 오기 전에 녹아내린답니다. 하긴 어디 꽃들만 그러하겠습니까. 우리의 삶도 어찌 보면 저 꽃과 다를 게 없는 존재가 아닐까요.

산수유꽃이 진 나뭇가지에는 새의 혀처럼 새잎이 돋아 있었습니다. 산의 기운도 푸르른 생기를 품은 듯 활기가 느껴졌습니다. 물소리에 마음을 씻으며 꽃들을 따라 화암사에 올랐습니다.

불명산佛明山 화암사에 오른다

산수유꽃 피고 진 자리
새의 혀 돋고 있다
계곡물 밖의 산기슭에는
얼레지꽃들이 한창이다

마음속 수줍은
쪽찐 처녀가
길 내고 있다
그 길은 우화루雨花樓로 이어진다

오래전 꿈속에서 보았던

극락전, 나비처럼
하늘에 걸쳐 있다

암벽이 끝나는 곳에서
나는 불명佛明으로 든다

—양문규, 「화암사花巖寺에 오른다」 전문

산은 문명과 멀어질수록 맑고 깨끗해 보입니다. 자연을 그대로 간직하고 있다는 것은 그만큼 사람의 손길이 닿지 않았다는 것이겠지요. 벼랑 끝 암벽에 뿌리를 박은 나뭇가지에는 붉은 꽃이 피어 있었습니다. 천연의 아름다움을 지닌 계곡을 타고 오르니 모두가 한 살붙이처럼 조화로운 삶을 이루고 있었습니다. 자연 그대로 삶이 참으로 아름답게 느껴졌습니다.

화암사 가까이 가파른 벼랑을 타고 크고 작은 세 개의 폭포가 있었습니다. 그런데 이게 웬일입니까. 산과 산 사이, 나무와 나무 사이로 맑은 물줄기를 쏟아내는 폭포가 허리에 쇠줄을 차고 있었습니다. 철재 계단으로 다리가 놓인 것이었지요. 하긴 인간의 편리함을 위해 산허리도 동강 내는 판에 이

雨花樓

쯤이야 대수롭지 않게 여길 수도 있을 것입니다. 폭포를 보기가 민망스러워 붉은 철계단 다리를 멀리하고, 옛길을 따라 화암사에 올랐습니다.

물소리를 벗하며 꽃잎에 내려앉는 봄볕과 함께 화암사에 오르니 '꽃비가 내리는 누각'이라는 참으로 아름다운 이름을 지닌 우화루雨花樓가 있었습니다. 나는 우화루 마룻바닥에 앉아 꽃비가 내리는 봄날의 산경을 구경하였습니다. 영국사 만세루에 올라 은행나무를 바라보는 것처럼 불명산의 풍경을 마음속에 담아보았던 거지요.

한참 동안 꽃비를 맞다가 절 밖 골짜기를 찾아가 보았습니다. 하얀 암벽의 속살이 비치는 샘이 있었습니다. 불명佛明이 여기서부터 시작되는 것이겠지요. 절을 둘러싼 돌담 아래 작은 물웅덩이에도 뭇 생명이 살고 있었습니다. 좀 징그럽기는 하지만 둥근 띠의 도롱뇽 알들이 참으로 많이 널려 있었습니다. 생명이 있는 곳은 모두가 불명입니다.

화암사, 그곳에는 세상 속으로 또 한 세상을 열고 있는 극락전이 나비처럼 훨훨 하늘을 날고 있었습니다. 오래전 꿈꾸었던, 꽃덤불 화엄華嚴처럼 빛나는 세계가 불명처럼 눈앞에 펼쳐 있었던 것입니다. 나는 암벽이 끝나는 곳에서 마음의 티끌을 벗고 그 환한 세상을 들여다보고 싶었습니다. 봄날은 짧지만 불명의 세계는 내 마음 깊은 곳에서 오랫동안 함께할 것입니다.

대숲 속으로

내가 머물고 있는 영국사 뒷방은 일자식 판잣집입니다. 몇 년 전 계월암 불사 때 지어진 집이지요. 인부들이 머물며 일할 수 있도록 한 임시 거처였는데, 지금은 어엿한 영국사 별채로 쓰이고 있답니다. 방 세 칸과 욕탕을 갖추고 창고까지 곁들여 있으니 제법 그럴싸한 집의 형태를 갖추고 있는 셈이지요. 그러나 내가 처음 영국사에 들었을 때만 해도 참으로 볼품없는 창고에 지나지 않았답니다.

스님은 절집의 방을 안내하면서 요사채의 깨끗한 방을 나에게 내주었답니다. 그러나 나는 판잣집을 택하기로 하였지요. 당장 보기에는 낡고 보잘것없는 누추한 집이었지만 나름대로 멋을 지니고 있었으니까요. 건물은 남동향이었고, 무엇보다도 물소리를 들을 수 있는 곳에 있었기 때문에 아주 좋아 보였답니다. 방문을 열면 바로 작은 개울물이 졸졸졸 흐르고 있었지요. 방 안에 누워서도 그 물소리를 들을 수 있다고 생각해보세요. 한낮에는 햇빛바라기도 할 수 있는 한 뼘의 작은 툇마루까지 놓여 있으니 금상첨화였지요. 오랜 시간 본채와 외돌아 비어 있었던 판잣집이 제 주인을 만난 걸까요. 노랗게 물든 가을날 영국사로 들어와 판잣집에서 한 철을 났습니다.

이듬해 봄 스님은 내게 판잣집을 대나무집으로 바꾸어보자고 하였습니다. 아마도 절 풍경에 어울리지 않는 판잣집이 마음에 걸렸던 모양입니다. 그렇다고 방사가 충분하지 않은 절 측으로서는 당장 그 건물을 헐어 없앨 수도 없는 노릇이었습니다. 허술해 보이기는 하지만 간단한 목욕과 세탁을 할 수 있는 곳이 그곳밖에 없었으니까요. 뿐만 아니라 절집을 가꾸고 꾸미는 데 필요한 연장과 기계들이 다 이곳에 있었습니다.

판잣집 뒤에는 작은 대숲이 있습니다. 아침이면 대숲에 보금자리를 튼 새들의 인사를 받으며 잠에서 깨어나고, 오후가 되면 햇빛에 반사되는 댓잎의 싱그러운 초록을 보면서 하루를 보내곤 하였습니다. 대나무는 이제 나와는 떼려야 뗄 수 없는 지기知己가 되었던 거지요.

대나무집이라. 스님과 함께 대나무를 베고 쪼개면서도 과연 대나무집을 만들 수 있을지 자신이 서지 않았습니다. 설령 대나무를 잘게 쪼개어 붙인다 해도 오랫동안 붙어 있을지도 의문이었습니다. 비바람을 온전히 버티어낼 수 있을는지에 대한 불안감이 들었기 때문입니다.

그러나 나의 우려에는 아랑곳없이 다음날부터 스님은 대나무 조각을 촘촘히 빈틈없이 붙여나가는 것이었습니다. 하루하루 지나면서 판잣집 벽에는 대나무 갈피가 더 많아지기 시작했습니다. 벽부터 붙이기 시작한 대나무 갈피는 시간이 지나면서 지붕까지 덮었습니다. 그 보기 흉한 판잣집이 푸른 대나무집으로 바뀌었던 것입니다. 참으로 신기하게 느껴졌습니다.

영국사를 찾는 사람들은 대나무집이 보이는 곳에서 발길을 멈춥니다. 어떤 사람은 이곳이 찻집인 줄 알았다며 가까이 다가와 방 안을 기웃거리기도 한답니다. 지금은 색이 바래 허옇게 변했지만 처음 대나무집을 만들었을 땐 마치 내가 푸른 대나무숲 속에 들어와 사는 것 같은 착각 속에 살았답니다. 대숲의 터줏대감 박새들과의 동거인 셈이지요.

아침마다
몸을 푸는,
창 밖 대숲을 본다

깊고 푸른 절정,
한생을
브레이크도 없이
절 속의 새가
날고 있다

나, 해진 몸을 이끌고
대숲 속으로 입주入住하고 싶다

—양문규, 「대숲 속으로」 전문

대나무집에 살면서 나는 틈만 나면 창호지 대신 비닐을 친 여닫이문을 열고 대숲을 봅니다. 깊고 푸른 청청한 생, 대나무는 무욕의 삶을 온몸으로 보여줍니다. 대숲에 이는 바람은 죽비처럼 나의 정신을 맑게 일깨워줍니다. 속을 비우면서도 곧게 뻗어나가는 대나무를 보노라면 이곳에 들어 마음을 비우지 못하고 사는 내가 왜 그렇게 못나 보이는지요. 서걱이는 댓잎에 베인 가슴은 얼마나 더 피를 흘려야 저 대숲처럼 맑은 소리를 낼 수 있겠습니까. 언제쯤 저 새들처럼 자유롭게 대숲을 날 수 있을는지요.

미혹의 삶을 살아가는 나는 대숲에 깃들어 삶을 영위하는 새들이 부럽기만 합니다. 어둠이 찾아오면 새들은 대숲에서 잠을 청합니다. 아침이면 어김없이 깨어나 대숲을 자유롭게 날고요. 집은 없으나 분명 새들의 집은 대숲입니다. 사람들은 일생을 살면서 집을 가지고, 죽어서도 집을 가지려고 합니다. 그 집이 더 크고 호화스러운 것이기를 바라면서 말입니다. 그러나 절집의 새는 그렇지 않습니다. 오직 대숲에 기대어 푸른 삶을 살 뿐입니다.

푸른 대숲 속을 자유롭게 넘나드는 생이 더없이 아름다워 보입니다. 나도 해진 몸을 이끌고 대숲 속으로 들고 싶습니다. 아마도 스님이 내게 대나무집을 지어준 까닭이 여기에 있지 않겠는지요. 무욕의 삶을 살아가는 새들처럼 삶의 지혜를 일깨워주기 위함일 것입니다.

스님은 영국사를 떠나셨지만 또 다른 곳에서 대나무집을 짓고 계실 것입니다. 오늘도 창 밖 대숲을 바라봅니다. 댓잎 속에 바람이 놀고 있습니다. 한생을 브레이크도 없이 절 속의 새가 날고 있습니다. 깊고 푸른 생, 절 속의 무한질주를 하고 있습니다. 걸림 없는 생이 거기 있습니다.

반딧불이가 난다

여름 속으로 들어선 천태산 영국사는 발 디디는 곳마다 푸른 물이 뚝뚝 떨어지고 있습니다. 은행나무의 짙은 녹음은 마치 하늘에서 떨어져 내린 폭포수처럼 싱그럽습니다. 은행나무는 여름 내내 영국사를 찾는 내방객에게 감로수와 같이 마음에 흰 그늘을 내려줄 것입니다.

나는 저녁 공양도 잊은 채 은행나무 흰 그늘 속에 몸을 누이고 천태산의 끝자락 국사봉에서 무창포 서해바다로 떨어지는 저녁 해를 바라봅니다. 어둠이 내리는 이때쯤 만물에는 영혼이 깃드나 봅니다. 하나의 풍경, 그 내면에 영원을 부여하는 어둠은 물상들을 제자리로 돌려놓아주지요. 이 세상과 저 세상이 합일되는 시간이 곧 해질녘이 아닐까 합니다. 땅거미가 내리는 이 시간을 즐겨 산행에 나서는 연유가 여기에 있습니다.

스님은 저녁 예불을 올리고 있습니다. 나는 조용히 법당을 빠져나와 어둠이 내리는 곳으로 향합니다. 발길 닿는 대로 걸어다닙니다. 눈에 보이든 보이지 않든, 그저 마음의 상을 따라 바라보면서, 느끼면서, 생각하면서 마냥 행복한 마음 하나로 발걸음을 옮깁니다. 어둠 속에 깃들고 있는 어느 것 하나 놓치기 싫은 아름다움이지요. 나도 어둠 속에 묻힐 것입니다. 절 뜰에 활짝 핀 불두화도 어둠 속에 꽃송이를 지울 것입니다.

새로움이란 낡고 오래된 것들과의 차별에서 생겨나는 것이겠지요. 사람들은 오래된 것들보다는 새로 형성되는 문화를 즐기며 살아갑니다. 오래되고 낡은 것들은 구습으로 치부하여 그것들을 새것으로 바꾸지 않으면 직성이 풀리지 않나 봅니다.

그러나 나는 새로운 것들보다는 눈에 익은 옛 풍경 속에서 삶의 양식을 찾고자 합니다. 그 속에서 삶의 기쁨과 행복을

누리고자 합니다. 내가 보고 즐기는 풍경이란 이미 우리 정서에서 사라진 옛 풍경들입니다. 사라져가는 이 땅의 서정과 풍물 속에서 따스한 마음을 읽어내자는 것이지요. 되도록 자연과 함께 공생의 삶을 살고자 하는 것이 나의 바람이기도 합니다.

어둠이 깊습니다. 별들이 총총총 빛나면서 어둠은 깊은 곳에서 그 이름을 소중한 가치로 키웁니다. 별들이 밝게 빛나는 것은 바로 어둠이 깊게 자리하기 때문이지요. 별들이 마치 맑고 깨끗한 물소리를 닮은 풀꽃같이 예쁘게 보입니다. 하늘의 별들이 내려와 풀꽃을 이룬 것인지, 지상의 풀꽃이 하늘로 올라가 별을 이룬 것인지 알 수 없지만, 여름밤의 별들은 물빛 머금은 풀꽃을 닮아 더욱 예쁘게 보입니다.

살랑이는 밤바람을 맞으며 만세루로 올라 별을 헤아리고 있을 때였습니다. 어둠 저편으로 무언가 빤짝이며 나는 것이 보였습니다. 혹 뭘 잘못 본 것은 아닌지, 급히 자리를 털고 일어나 불빛이 일었던 곳으로 달려갔는데요, 작은 불빛이 깜박깜박 꺼질 듯 꺼질 듯 하면서도 이어지고 있었습니다. 반딧불이였지요.

얼마 만에 보는 풍경인지 모릅니다. 반딧불이를 보았던 기억이 까마득하게만 느껴지니 말입니다. 내가 어릴 때만 해도 밤하늘에는 무수한 반딧불이가 날아다녔습니다. 마당에서도 골목에서도 들녘에서도 반딧불이는 바람에 날개를 달고 어둔 밤을 밝혀주었지요. 호롱불이 흔들리는 방 안에서 창호지문 밖으로도 그 빛을 볼 수 있었으니 말입니다.

산골 지내리 밭두렁 길을 따라서
다시 비탈밭을 내려서면
아련히 떠오르는 불빛 거기 있다

어둔 세상 외로운 발자취 속에서도
흔들리지 않고 사는
풀섶의 뜨거운 눈시울

어둠 속으로, 어둠 속으로
제 한 몸 불태워 던지고
하늘 저편 시린 별빛으로 떠오르는

우리들의 사랑

둥구나무처럼

아직도 말없이 거기 있다

—양문규, 「반딧불」 전문

반딧불이는 반딧불잇과에 속하는 곤충으로 개똥벌레라고 부르기도 합니다. 우리는 산촌의 정서대로 '반딧불', '개똥벌레'라고 불렀습니다. 반딧불이가 깜박깜박 빛을 발하며 나는 것은 사랑을 나누기 위한 수신호라고 들었습니다. 암수 서로 짝을 찾아 생명을 키우는 것이지요. 특히 수컷 반딧불이는 일생에 단 한 번의 사랑을 나누기 위해 빛을 발한다고 합니다. 제 한 몸 던져 사랑을 나누고는 끝내 지상에서 사라지는 것이지요. 이보다 더 고귀하고 소중한 사랑이 천지간 어디에 또 있겠습니까.

해마다 전북 무주에서는 반딧불이 축제가 치러지고 있습니다. 혹 반딧불이를 보호하고 보존한다는 명분으로 반딧불이를 죽이고 있는 것은 아닌지 모르겠습니다. 반딧불이는 생

래적으로 밝은 불빛과 소리를 싫어합니다. 대낮처럼 불을 밝히고, 무슨 장터처럼 마시고 즐기는 축제는 아닌지 걱정이 앞섭니다.

우리는 지금 전지구적 자본의 물결에 떠밀려 앞만 보고 달려가고 있습니다. 남이야 어찌 됐든 자기 자신만 살아남으면 된다는 극단적인 이기주의에 젖어 삽니다. 따라서 도시산업화의 현대적 문화는 과거의 농경문화에 기초한 전통문화를 모조리 박물관으로 몰아넣고 있습니다.

우리 문화는 공동체를 중시하는 '살림의 문화'였습니다. 물론 경제 발전이 가져다주는 편리와 문명의 혜택을 부정할 수는 없는 노릇이지요. 재래의 공동체 문화가 해체된 자리에 경제 논리에 우선한 문화산업이 우리 사회를 지배한다면, 살림과 공생의 문화에 기여하는 것이 아니라 문화 특권층을 위한 문화 일변도로 흐를 수 있습니다. 이는 매우 우려할만한 일이 아닐 수 없습니다. 그것은 문화의 타락이고 사람 사는 세상의 이치를 역행하는 처사이겠지요. 생태공원도 그런 차원에서 조성된다면 만들지 않는 것보다 못할 것입니다.

우리는 자연생태계의 문화적 유산을 소중하게 가꾸고 보

존하여 후손에게 고스란히 물려주어야 합니다. 옛 선조들이 그랬듯이, 환경공원을 조성하고 천연기념물을 지정하는 것도 좋지만, 문제는 자연생태 공간을 그대로 살려 상생하는 삶을 이루는 '함께하는 자연 문화'를 만들어야 합니다. 인위적이고 인공적인 문화가 아닌 자연 그대로의 삶을 지닌 문화 말입니다.

반딧불이를 보고 싶다면 영국사 아랫마을 누교리에 차를 세워두시고 산굽이 에돌아 작은 오솔길 따라 올라오세요. 물소리가 조용한 곳으로 이끌 것입니다. 반딧불이는 눈으로 보지 마시고 마음으로 보세요. 여름밤, 작은 풀벌레가 반짝반짝 발하는 불빛에서 삶의 희망을 향한 겸손과 연대의 미덕을 배워보세요. 녹음이 절정으로 다다른 계절, 천태산 영국사에는 반딧불이가 날고 있습니다.

천래강에서

한국 현대시문학사의 전개 과정에서 고향의식은 매우 중요한 의미를 지닙니다. 일제 강점기 많은 시인들은 고향의식을 통해 식민지 조국의 결핍된 현실사회를 직간접적으로 형상화하려고 노력하였습니다. 상실된 고향을 복원하려는 이들의 노력은 민족공동체적 삶의 원형을 회복하여 민족 본래의 모습을 되찾고자 하는 의미를 지니는 것이지요.

1960년 이후 도시산업화는 농촌의 붕괴를 예고하는 것이었는데, 이는 곧 농촌 해체라는 고향 상실의 큰 아픔을 우리에게 안겨주었습니다. 이 시기의 시인들 역시 농촌의 공동체적 삶이 해체된 피폐한 현실과 아픔을 고향의식을 통해 드러내려 하였습니다. 당시의 시편들은 1930년대 시인들이 보여 주었던 고향의식과 크게 다르지 않습니다. 개개인의 시적 경향은 다르지만 고향 상실이라는 대전제 속에서 못나고 보잘 것없는 사람살이의 정황이나 붕괴해가는 농촌을 구체화시켰던 것이지요. 이는 고향의식으로 상징되는 민족적 삶의 원형이 훼손된 데 따른 안타까움의 시적 결과물이라 할 수 있습니다.

고향은 한 개인이 태어나 자라고 늙어서 죽어 묻히는, 스스로가 자신이 주인이라는 인식을 토대로 한 자아의식에서 출발하는 것이겠지요. 혈연적 동질성이나 문화적 동질성을 전제로 한 하나의 통합된 정신세계를 일컫는 것 아니겠습니까. 시에서 고향의식을 드러낸다는 것은 바로 본래적인 생의 의미를 좇는 길이기도 할 것입니다.

천래강에서 한 여자와 눈맞춘다

강물은 봄날같이
지나는 바람 소리에도

나무 타고 올라
꽃을 피운다

홀로 걷고 있을 때는
보이지 않던
강 건너 산자락
언제 마을 들어섰는가
물방망이 소리
골목으로 튕긴다

나는 그녀와
사람 없는 집들이 즐비한
허물어진 돌담 골목 벗어나
강 건너 마을로 간다

끼니때가 되면 아궁이에
어김없이 밥 끓이고
쇠죽 끓이는

생솔가지 검붉게 탄다

강물 위로는
청둥오리 떼가
차디찬 물낯바닥에
낮게 깔리는
달빛을 타고
적멸보궁에 든다

그녀와 나는 오랫동안 마을에 머물고 있다

—양문규, 「천래강에서」 전문

나는 이 땅의 서정과 풍경을 노래하기 위해 지속적으로 사라지는 것에 대한 관심을 표명해왔습니다. 그것은 상실된 고향에 대한 의식의 발로이지요. 서울 생활을 청산하고 10년 만에 다시 찾은 고향은 전쟁이 휩쓸고 지나간 것처럼 황량한 바람만 일 뿐이었습니다. 사람의 그림자라곤 찾아보려야 찾아볼 수가 없었고, 집과 담장은 허물어져 마치 '흉집'처럼 스산한 기운마저 감돌았습니다. 사람이 사는 마을이라고 할 수 없는, 온기라고는 어디에서도 느낄 수가 없었기 때문이지요. "날로 밤으로/왕거미 줄치기에 분주한 집/마을서 흉집이라고 꺼리는 낡은 집"(이용악, 「낡은 집」)들만 즐비할 뿐이었습니다.

식민지 시대의 한 가족사의 몰락을 노래했던 이용악의 '낡은 집'이 도처에 널려 있습니다. 어쩌면 이용악이 살았던 당대의 농촌 현실보다 작금의 농촌이 보다 심각한 상황에 놓여 있는 것은 아닌지요.

시는 본질적으로 이상주의자의 꿈을 언어로 빚어낸 삶의 한 양식입니다. 시인이 꿈꾸는 세계는 각박한 삶의 관계에서 벗어나 이상적 낙원을 실현하려는 데 있습니다. 그것이 단지 시인이 언어에 존재하는 삶의 양식이라 할지라도 결핍된 현실사회를 극복하려는 노력의 일환이지요.

강둑을 거닐면서 강 건너 마을을 바라보며 상실된 고향이 아닌 사람의 냄새가 물씬 풍기는 고향의 모습을 보고 싶습니다. 내가 머물고 있는 영국사 근처의 마을에는 사람이 살지 않습니다. 아니, 강 건너 언덕배기 마을에는 흉집이 더 많습

니다. 그러나 나는 강 건너 마을을 바라보며 살아가고 있습니다. 그곳은 내가 돌아갈 고향입니다.

강물은 봄날같이 지나가는 바람 소리에도 나무를 타고 올라 꽃을 피웁니다. 홀로 걷고 있을 때에는 보이지 않던 강 건너 산자락, 한 여자와 눈을 맞추고 싶습니다. 사람과 사람이 연하며 살아가는 고향을 그려봅니다. 꿈속이라도 그러고 싶은 거지요. 내 사랑하는 여자와 손을 맞잡고 강 건너 마을로 들어가고 싶습니다. 끼니때가 되면 아궁이에 어김없이 밥을 끓이고, 쇠죽을 끓이는 생솔가지 검붉게 타는 집에서 살고 싶습니다. 강물 위로는 청둥오리 떼가 차디찬 물낯바닥에 낮게 깔리는 달빛을 타고 하늘로 오르는 풍경을 보면서 말입니다.

백석은 「여우난골족族」 등 많은 시편에서 유년의 화자를 내세워 과거의 다복했던 공동체적 삶의 모습을 복원하였습니다. 일제 강점기라는 시대적 상황임에도 불구하고 고향을 구성하는 갖가지 사물과 관습에 대한 구체적 경험을 바탕으로 민족적 삶의 원형을 형상화했던 것이지요. 따라서 회상된 경험들은 그 경험들이 이끌어낸 본디 모습보다도 더 생생한 모습으로 다가옵니다.

오늘의 농촌을 고향으로 두고 사는 현실적 삶은 대단히 고단해 보입니다. 고향을 두고 사는, 현실사회의 어려움을 어찌 말로 표현할 수 있겠습니까. 그러나 나는 고향을 따스하게 가꾸고 싶습니다. 회상화된 경험이 아니라 실제적인 삶의 모습으로 살고 싶습니다.

무릇 사라지는 것들은 나에게는 본래적 생의 원천이며 그리움입니다.

개망초꽃이 피었습니다

이른 봄날부터 늦은 가을날 해거름까지 이 땅에는 무수한 꽃들이 피었다가 집니다. 나는 꽃이 피고 지는 가운데에서 계절의 변화를 읽어냅니다. 개망초꽃이 피어나고 있으니 여름, 찌는 듯한 더위와 지루한 장마가 한 발짝 더 가까이 우리 곁으로 다가오고 있는 것이지요. 꽃들은 계절의 변화에 가장 민감하게 반응을 보이며 제 자취를 뽐내나 봅니다. 요 며칠 사이 한여름을 방불케 하는 무더위가 계속되고 있으니 말입니다.

망초는 이름에서 느껴지듯이 가슴 아픈 사연이 담긴 꽃으로 널리 알려져 있습니다. 망초꽃이 무성하면 나라가 망한다는 속설을 지니고 있는데, 실제로 농사를 짓지 않는 묵정밭에는 개망초가 일가를 이룹니다. 이는 황량한 들녘의 현실을 그대로 보여주는 것이지요. 농사를 짓지 않는 무슨 말 못할 곡절이 있는 것이겠지요. 을사조약이 맺어지던 해 망초꽃이 전국토로 급속하게 퍼지면서 그런 꽃말이 더욱 설득력을 얻고 있나 봅니다.

망초꽃은 참으로 번식력이 강한 귀화식물입니다. 길가나 빈터, 묵정밭을 비롯해 어디에서도 흔히 볼 수 있으니까요. 망초꽃은 줄기와 가지 끝에 자잘한 흰색 꽃송이가 달려 전체적으로 원추圓錐 꽃차례를 이루는데, 꽃송이 가장자리에는 가느다란 흰색 혀꽃이 촘촘히 돌려나고 가운데에는 노란색 통꽃이 촘촘히 박혀 있습니다. 개화 시기는 6월 중순부터 9월 하순까지 그 절정을 이루며, 흔히 개망초, 달걀꽃 등으로도 불린답니다.

내가 개망초꽃에 관심을 갖게 된 것은 1980년 중반입니다. 지금은 이미 농촌이 붕괴되었지만, 그때에는 농촌이 해체되어가는 과정에 있었지요. 젊은 사람들이 수지에 맞지 않는 농사를 버리고 도시로 삶터를 옮기면서 날로 묵정밭이 늘어나게 되었습니다. 당연히 그 땅에는 곡물 대신 개망초가 자리잡게 되었는데, 어찌나 무성하게 자라나는지 발길 닿는 곳마다 눈부신 꽃밭을 볼 수 있었습니다. 거기에서 나는 어떤 아픔 같은 것을 보았습니다. 끝 간데없이 깊은 슬픔 속으로 빠져들게 하는 무엇이 가슴을 아프게 하였지요. 떠날 수밖에 없는 이 땅의 가난한 사람들의 현주소를 보는 것 같아서 눈시울을 적셨던 것입니다. 누군가가 떠나고 난 빈자리에는 또 어떤 것이 남아서 그 슬픔을 대신해주는구나, 삶은 저토록 가슴 아픈 사연을 지니고 있으면서 꽃을 피우며 또 다른 생을 이루는구나, 그런 생각을 했던 것입니다.

두보의 시 "나라는 망했어도 산하는 그대로요國破山河在, 성안의 봄에는 풀과 나무만 무성하구나城春草木深."에서 나는 "농촌이 망해도 전답은 그대로요農破田畓在, 농촌은 여름이면 망초만이 무성하구나農夏亡草深."로 옮겨봅니다. 이렇게 놓고 보면 작금의 농촌 현실을 이보다 더 여실히 보여주는 대목이 어디에 있겠습니까. 산하山河는 민중의 삶의 터전으로서의 전답일 것입니다. 그 논과 밭에 개망초가 무성하게 자라 꽃을 피우고 있다니, 그것이 아픔이 아니고 무엇이겠습니까.

우리는 왜 별들을 헤아려
사랑이라 노래하지 못하고 사는 걸까
오늘 밤도 그 핏기 없는 살덩이를
별빛 속에 사르지 못하고
죄인처럼 고개만 떨구고 사는 걸까
하늘 한번 떳떳하게
우러러보지 못하고 사는 걸까
시궁창보다도 더 어둡고
암울한 이 땅 속에
살과 뼈를 묻고
거친 비바람 헤치며
억만년 꽃을 피우고 지우며,
또 그렇게 우리는
그대들의 꿈과 희망
고뇌와 실의 속에서도
더불어 함께 살아온 이 땅의

참 눈물이면서도
우리는 왜 별들을 헤아려
사랑이라 노래하지 못하고 사는 걸까

—양문규, 「개망초」 전문

논밭이 개망초로 덮이는 것은 곧 농민들이 편히 농사를 짓지 못하는 형편을 반영하는 것이겠지요. 곡물 대신 빽빽하게 개망초가 들어서는 들녘의 모습에서 개망초가 슬픔으로 비치는 것은 어쩌면 당연한 일입니다. 그것은 떠나고 난 자리에 남은 자들의 또 다른 슬픔을 깊게 보여주니 말입니다. 개망초가 괄시와 멸시의 대상으로 인식되는 것도 그런 연유에서 비롯되는 것이겠지요. 누가 저들에게 돌팔매질을 하는 것입니까. 그들은 바로 가진 자들이고, 도시적 삶으로 추정되는 그런 삶이겠지요.

나는 망초꽃을 통해 가난한 사람들의 꿈과 희망을 노래하고자 합니다. 농촌에 남아 있거나, 도시 변두리로 밀려나 삶터를 이루고 살아가는 사람들의 이야기를 하고 싶습니다. 개망초는 '서울 사람들'로 대변되는 도시 사람들에게 괄시를

받고 미움을 받으면서 비실비실 살아가는 이 땅의 가난한 사람들입니다. 도시산업화 과정에서 철저하게 소외되어온 사람들이지요. 자본의 논리에서 보면 개망초는 혐오와 근절의 대상으로 여기는 것이 아주 자연스러운 것인지도 모릅니다. 농사가 돈이 되지 않는 천덕꾸러기로 남아 있는 것도 사실이니까요. 그런 의미에서 개망초는 가난한 '우리들'의 부끄러운 자화상일지 모른다는 생각을 해봅니다.

그러나 나는 그 자리에 역설적으로 개망초를 민중의 삶 속으로 옮겨다 놓고 개망초의 아픔을 노래하고자 하였습니다. '우리'는 좁은 의미의 못나고 형편없고 아무 쓸모도 없는 우리일 수도 있고, 시골에서 땅을 잃고 도시로 쫓겨 올라온 이농민들일 수도 있고, 더 넓은 의미의 민중일 수도 있습니다. 삶의 주체를 이루면서도 우리는 왜 별들을 헤아려 사랑이라 노래하지 못하고 사는 것인지 모르겠습니다.

김용택은 연작시편 「섬진강 1」에서 "섬진강물이 어디 몇 놈이 달려들어/퍼낸다고 마를 강물이더냐고,/(중략)/어디 몇몇 애비 없는 후레자식들이/퍼간다고 마를 강물인가"라고 노래했습니다. 이 시에서 이야기하고 있듯이, 농사의 근간을 이루는 강물을 누가 퍼간다고 해도 그 강물이 마르지 않는 것처럼 작금의 농촌 현실이 그와 같다 해도 농촌은 농촌으로서 일터로서 삶터로서 그 생명을 부지할 것입니다. 억만년 꽃을 피우고 지우며, 조상 대대로 지금껏 살아온 것처럼 더불어 참 세상을 이루는, 개망초는 강인한 생명력으로 우리들의 꿈과 희망을 노래할 것입니다.

개망초꽃이 피고 있습니다. 무성하게 자라나는 개망초를 하염없이 바라봅니다. 온 국토를 개망초가 뒤덮고 있는 현실을 직시하면서도, 삶의 희망을 버릴 수 없습니다. 새삼 개망초꽃을 노래하는 이유가 여기에 있습니다. 먼 훗날 누군가가 다시 이 땅으로 찾아들어 봄에 씨앗을 뿌리고, 여름이면 푸른 물결로 하늘거리는 아름다운 곡물의 풍경을 보여주겠지요. 억만년 꽃을 피우고 지우며, 별들을 헤아려 사랑이라 노래하는 세상 말입니다.

쓰러진 자의 꿈

「절집 처마에 매달린 쇠붕어의 노래」에 부쳐

꿈과 희망으로 노래하는 세상은 얼마나 행복할까요. 꿈과 희망이 없는 세상은 또 얼마나 삭막할까요. 지난 서울 생활을 가만가만 들여다봅니다. 사랑, 기쁨, 꿈, 희망, 슬픔, 아픔, 분노, 고통, 좌절, 절망 등을 책장 넘기듯 하나하나 읽어 나갑니다. 우선 먼저 잊어야 할 것과 지워야 할 것, 버려야 할 것들만 추려 기억 속에서 완전히 지우고자 합니다. 그런 시간을 얼마나 더 해나가야 행복해질 수 있을까요.

첫 시집 『벙어리 연가』(실천문학사, 1991)를 출간한 이후 만 11년 만에 두 번째 시집 『영국사에는 범종이 없다』 출간을 앞두고 있습니다. 시집을 준비하면서 해설을 맡아준 방민호

평론가의 글을 읽으면서 얼마나 울었는지 모릅니다. 그 평문의 서두에는 서울 생활의 발자취가 고스란히 담겨 있었는데, 특히 '실천문학사' 시절 그도 나도 편치 못했던 상흔이 짙게 깔려 있었습니다.

그는 격정에 휩싸이면 독주조차 병째로 들이켜는 사람이고 눈물도 많다. 그만큼 내가 아는 그는 마음의 풍경이 복잡한 사람이다. 3부에 실린 「반딧불」이라는 아름다운 시편을 보면, 그는 반딧불이를 "어둔 세상 외로운 발자취 속에서도/흔들리지 않고 사는/풀섶의 뜨거운 눈시울"(2연)이라고 노래하고 있다. 나는 그 "눈시울"에서 자주 붉어지는 그의 눈시울을 보았다. 바닥 모르는 슬픔에, 더위를 타듯 사람을 타는 데서 오는 애증 따위가 그를 괴롭히곤 한다. '문단'이라는 곳도 다른 여느 곳과 별다르지 못해 살을 베고 베이는 곳이다. 뿐더러 '문단'만큼 냉정하고 정치성 짙은 곳도 없다. 흔한 비유어 '정글'처럼 강함과 능수능란함이 통하는 곳이다. (중략)

양문규 시인은 지금 서울에 살고 있지 않다. 한때 한국민족예술인총연합 같은 조직과 실천문학사에서 일했던 만큼 그에게 서울은 사연 많은 곳이리언만 몇 년 전 그는 훌쩍 낙향해버렸다. (중략) 시간이 흘러 그가 영동에서 좀체로 서울행도 하지 않고 대학원에 적을 붙이고 있음을 알았을 때, 나는 바로 이런 것이 격세지감임을 알았다. 그도 나도 예전과는 많은 점에서 달라져 있었다. 그러나 시집 원고를 펼쳐 내려가자 1997년, 1998년, 그도 나도 편치 못했던 시간들을 자연스럽게 떠올리지 않을 수 없게 된다.(방민호, 「절집 처마에 매달린 쇠붕어의 노래」 부분)

1980년 '언론계 구조 개선'이라는 명목하에 신문, 방송, 통신사 등 국내의 언론매체가 물리적으로 통폐합된 반민주적인 사건이 있었는데요, 그해 3월 『창작과비평』, 『문학과지성』 등과 같은 순수 문예지도 폐간을 맞는 불행한 사태가 있었습니다. 특히 『창작과비평』의 폐간은 양심적인 진보문학의 진로를 가로막는 불법 행위로 큰 충격이 아닐 수 없었는데요, 그 대안으로 만들어진 것이 자유실천문인협의회(현 한국작가회의) 기관지인 부정기간행물 『실천문학』이지요.

'실천문학'이라는 제호에는 무크지로서의 출범 정신과 당시 문학이 처했던 시대상황이 함께 농축되어 있습니다. 이문구, 고은, 박태순, 송기원, 이시영 등을 주축으로 문인, 화가, 건축가, 영화감독 등 양심적인 문화예술인들이 가난한 주머니를 털어 만든 것이 바로 『실천문학』입니다.

죽음의 시대에 '실천문학'이라는 이름만으로도 암흑에 가려졌던 진실이 빛을 보기 시작했으며, 민주화의 열기를 키우는 계기가 마련되기도 하였지요. 그 와중에 갖은 시련과 고난을 겪었는데요, 부정기간행물 『실천문학』은 첫 호부터 계엄사 검열로 원고가 무수히 삭제된 채 발행되었고, 1985년에는 『민중교육』지 사건으로 주간 송기원과 교사 시인 윤재철, 김진경이 구속되고 『실천문학』은 강제 폐간의 비운을 겪기도 하였습니다. 이후에는 『붉은 산 검은 피』 출간으로 전 발행인 송기원과 필자 오봉옥 시인이 국가보안법 위반으로 구속되고, 정지아 장편소설 『빨치산의 딸』 출간으로 이석표 대표가 구속되는 등 시련의 연속이었지요.

하지만 그 뒤에는 영광과 번영의 시절도 있었습니다. 도종환 시집 『접시꽃 당신』이 베스트셀러가 되면서 호황을 누려 사옥도 마련하고, 노동자들을 위한 작은 책 『노동문학』을 발간하여 뜨거운 호응을 얻기도 하였습니다. 그리고 '실천문학의 시집' 시리즈는 당대 최고의 진가를 발휘하면서 시인이면 누구나 실천문학사에서 시집을 내고자 소망하였지요.

고난과 영광이 교차하며 실천문학은 성장을 거듭하였지만 주인 의식 부재로 인한 경영 악화를 겪으며 새로운 길을 모색하지 않을 수 없었습니다. 그때가 1995년이었는데요, 실천문학사 측의 제안으로 나는 주식회사 전환 작업을 맡게 되었습니다. 전셋집과 사글셋방을 전전하던 가난한 문인들도 주주모집에 기꺼이 동참하였는데요, 120여 명의 문인 주주와 2억 원의 자금으로 그해 주식회사 설립 신고를 마칠 수 있었습니다. 대표 이상, 기획실장 양문규, 편집장 박문수 등으로 실무 운영진이 구성되고, 계간 『실천문학』 편집위원으로 김남일, 김재용, 서강목, 방민호가 영입되어 순항의 돛을 올릴 수 있었지요. 주식회사 전환은 과거 『실천문학』의 정신이 크게 작용하였으며, 새로운 미래의 전망을 만들어가기 위한 열의의 다짐이라 해야겠지요.

새롭게 출발한 운영진은 방만한 살림을 줄여 부채를 정리하기로 하고 사옥을 팔았습니다. 어쩔 수 없이 팔아야 하는 사옥인지라 고충도 따랐지만 그 역시 현실의 대안이 되지는

못하였습니다. 교회 부속 건물의 작은 사무실로 옮긴 후 안정을 찾는 듯하였지만, 실천문학의 지속 가능한 발전을 이루기 위해서는 문학 아닌 새로운 장르에서 대안을 찾아야 한다는 이상 대표의 제안이 있었습니다. 바로 음악 교재의 발간이었지요. 나는 여러 가지 이유를 들어 강력히 반대했습니다. 교재를 만들기 위해서는 풍부한 자금과 인적 자원, 다양한 정보, 영업 조직이 필수적인데 어느 것 하나 충족되는 게 없었기 때문입니다. 결국 무리한 음악 교재 사업은 시작한 지 채 1년이 되지 않아 중단되고, 이로 인해 실천문학사는 주식회사 전환 후 큰 위기를 맞게 되었습니다.

김영현 소설가가 새 대표로 들어앉게 된 것은 음악 교재 사업의 실패로 인한 결과입니다. 그런데 그 과정에서 몇 가지 큰 문제를 노정하고 있었는데요, 일차적으로 주주총회를 거치지 않았다는 것입니다. 비상대책위원회의 암묵적인 결정이 있었다고는 하지만, 이상 전 대표가 주주총회 없이 슬그머니 빠져나간 자리에 김영현이 은근슬쩍 끼어들어 앉은 셈이지요. 그리고 경영 실패에 대한 명확한 책임 소재가 가려지지 않았던 것입니다.

그런데 엉뚱하게도 김영현은 실천문학사의 위기를 나에게 전가하는 듯한 여론을 안과 밖에서 만들어갔습니다. 심지어는 때마침 불어닥친 IMF를 구실 삼아 구조조정 운운하며 회사에서 나가라고까지 하였습니다. 나는 어느 누구라도 구조조정으로 아픔을 겪어서는 안 되며, 함께 이 난관을 헤쳐나갈 길을 찾자고 설득하였지요. 회사가 정상화될 때까지 간부급은 무임금으로 하자는 대안을 제시하기도 했습니다. 나의 방안에 대해 직원들과 편집위원들도 어느 정도 수긍을 하며 뜻을 함께하였지요.

그러나 김영현은 대표라는 직함을 이용하여 호시탐탐 나를 쫓아내기 위해 별의별 궁리를 다 하는 듯했습니다. 그 치졸한 행태며 추잡한 사연을 어찌 다 말로 할 수 있겠는지요. 그때 나는 새삼 문학이라는 것과 작가라는 것, 문학의 진보와 운동, 실천에 대해 많은 생각을 하게 되었습니다. 그리고 이건 아닌데, 이건 아닌데 하면서, 동료 문인들과 하루도 거르지 않고 술로 세월을 보내기도 하였지요. 실천문학사가 재도약할 수 있는 밑그림을 그려놓고도 그런 수모를 받아야 하는 처지가 여간 서글픈 게 아니었습니다. 나의 처지를 위로 삼아 노골적으로 김영현을 질타하는 문인들도 있긴 하였지만, 무조건 참자 하며 참을 인忍자를 화두로 삼았던 시절도 그때였습니다.

하지만 온갖 모욕과 수모를 견디는 데에도 한계가 있었습니다. 지금껏 살아오면서 겪어보지 못했던 아픔과 상처를 문단 선배라는 김영현으로부터 선사받은 것이지요. 결국은 참다못해 여러 선후배들의 만류에도 불구하고 1998년 실천문학사를 그만두게 되었습니다. 여기에는 내가 평소에 사형으로 모시던 윤중호 시인의 조언이 결정적으로 크게 작용했습니다. 형은 추하고 험한 꼴 안 보는 것이 오히려 낫다며 상처난 나의 마음을 다독여주었습니다.

그 뒤로는 주체할 수 없는 설움에 못 이겨 폭음으로 몇 개월을 지내다 다음해 낙향하였습니다. 첫째가 초등학교 5학년 열두 살, 둘째가 네 살 되던 해였습니다.

빌어먹을 놈 바퀴벌레 주제에 나를 외면하고 피하다니 어느 날 나는 선전포고도 없이 바퀴벌레와의 전쟁을 시작했다 내가 당한 것보다 더 잔인하게 바퀴벌레를 죽이기 시작했다 파리채로

때려 죽이기, 손바닥으로 쳐 죽이기, 발로 밟아 죽이기, 담뱃불로 지져 죽이기, 시간이 지나면서 죽임의 형태는 날로 잔인해져 갔다 끝도 없이 自行되는 바퀴벌레 죽이기는, 그해 겨울 집구석에 틀어박혀 할 일 없이 밥만 축내며 잔인하게 내 목줄을 죄고 있었다

—양문규, 「바퀴벌레 죽이기」 부분

그해 얼마나 자신을 학대하며 살았는지 모릅니다. 서울에 남아 있다는 게 생지옥 같았습니다. 이대로 살다간 명대로 못 살고 죽을 것 같아 부모님과 아내의 반대에도 불구하고 낙향한 것이지요. 아내와 아이들을 부모님 댁에 맡겨놓고 나는 무슨 죄인인 양 농막으로, 당곡리 중화사로 떠돌다가 지금의 천태산 영국사 뒷방으로 들었습니다.

식구들의 고생이 그 얼마며, 나는 또 얼마나 많은 눈물을 흘리며 살았는지요. 꽃이 피면 핀다고 울고, 꽃이 지면 진다고 울고, 새가 울면 운다고 울었지요. 비가 오거나 그치거나, 눈이 오거나 말거나 울고 또 울었지요. 이제 그만 눈물샘이 바닥날 만도 할 텐데, 방민호의 평문을 읽어 내려가는 동안

흘러내리는 눈물을 어떻게 주체할 수가 없었습니다. 그와 함께했던 시간이 흑백영화의 한 장면처럼 스쳐 지나가는 것을 어쩌겠는지요. 복받치는 눈물을 감추기 위해 나는 은행나무로 달려갔습니다.

그러나 마음의 응어리를 안고 떠나 그뿐이라면 새로 가 닿은 곳에서 무엇을 얻을 수 있을까. 꽃우물을 떠난 시인은 지혜롭게도 서울의 삶이 준 상처와 슬픔을 갈무리하여 새로운 마음의 상相을 얻기 위한 절차를 밟는다. 이 과정을 보여주는 것이 「내 몸 속에 너를 키운다」와 같은 시편이다. 이 시편에서 그는 "내 몸 속에 너를 키운다"고, "살을 저미는 적막 속에 너를 가두고/굴참나무숲 바람 소리에 몸을 기댄다"고 노래하고 있다. (방민호, 앞의 글)

천태산은 유배지나 다름없는 곳이었습니다. 그러나 은행나무가 있었지요. 은행나무는 종교나 다름없는 절대적인 존재였으며, 친구이자 시였습니다. 나는 그 은행나무로 인해 많은 것을 비울 수 있었으며, 또한 많은 것을 얻을 수 있었습니다. 무엇보다 기쁜 것은 오랜만에 얻는 새 시집 『영국사에는 범종이 없다』입니다. 그리고 지금은 초고를 쓰기 위해 자료를 분석하고 있는 중이지만, 머지않아 박사 논문도 얻을 수 있겠지요.

천태산을 찾은 것은 무엇보다 그간 알고 지냈던 많은 사람과의 인연을 끊고자 했기 때문입니다. 사람들을 만나면 자연히 서울 이야기가 나올 테고, 서울 이야기가 나오면 또 자연히 실천문학사 이야기가 따라붙겠지요. 그렇게 되면 소멸하고자 하는 업장에 또 하나의 구업이 덕지덕지 붙을 게 빤한 이치 아니겠는지요. 나는 더 이상 김영현이라는 사람을 떠올리고 싶지 않았습니다.

그러나 간간이 찾아오는 문우들의 발길은 피할 수가 없었습니다. 만나면 으레 술을 나누게 되고, 그렇게 마시다 보면 꼭 양념으로 실천문학사 이야기가 나오는 건 어쩔 도리가 없었지요. 누군가 실천문학사가 『접시꽃 당신』 이후 『오래된 농담』, 『체 게바라 평전』 등의 책들이 베스트셀러가 되면서 최대 호황을 누린다는 이야기를 전해주었습니다. 참으로 다행이다 싶었습니다.

그런데 기가 막힌 건 김영현 대표가 제 주변의 사람들을 데리고 해외를 제집 안방 드나들듯 한다는 거였습니다. 그리고 직원들에게도 5년차가 되면 한 달간 무노동 유급 휴가를 주는 등 마치 실천문학 재산이 제 것이기라도 한 양 과도한 선심을 쓴다는 얘기였습니다. 나는 그 소리를 듣고 걱정을 하지 않을 수 없었습니다. 돈 벌기는 어려워도 쓰기는 쉬운데, 어찌 저 돈을 물 쓰듯 그냥 쓰는 걸까. 또 실천문학사가 어떻게 만들어진 출판사인데, 주주들 이익배당은 해주지 못할망정 야유회든 송년회든 자리를 만들어 초대라도 한번 해주면 좋으련만, 도대체 무슨 생각으로 어찌 저러는 건지……. 나는 한숨만 크게 내뱉었습니다.

더더욱 기가 찰 노릇은 실천문학사가 지금 잘나가고 있는 건 다 김영현이 경영을 잘한 덕이라는 공치사가 떠돌아다니는 거였습니다. 맞는 말인지도 모릅니다. 그러나 사실을 따지고 보면 참으로 어처구니없는 얘기가 아닐 수 없었습니다. 『지상에 숟가락 하나』, 『오래된 농담』, 『체 게바라 평전』 등 베스트셀러가 어떻게 세상에 빛을 보게 되었는지 사실을 말하자면, 이 책들은 김영현과는 아무런 관련이 없습니다. 그

가 대표로 들어앉기 이전에 기획되었던 것들입니다. 그런데 이게 무슨 뚱딴지 같은 소리인지 머릿속이 비는 듯한 느낌이었습니다. 한편으로는 울컥 울화가 치밀기도 했습니다.

현기영 선생님의 『지상에 숟가락 하나』는 이석표 대표 시절인 1994년 겨울호부터 『실천문학』에 연재되었던 소설이고, 『체 게바라 평전』은 1996년 이상 대표가 제안하여 기획회의를 거쳐 계약이 되고 진행된 책입니다. 특히 『지상에 숟가락 하나』는 무슨 연유에서인지 다른 출판사로 넘어갈 뻔했던 것을 내가 나서서 수습하여 실천문학사에서 출간되었던 것이지요. 이 책이 뒷날 MBC '느낌표'의 책으로 선정되었을 때 나 또한 멀리서나마 얼마나 기뻐했는지 모릅니다.

박완서 선생님의 『오래된 농담』은 사연이 엄청 긴데요, 소설가 이경자 선생님의 도움이 컸지요. 이상 대표 시절 이경자 선생님이 『실천문학』에 『사랑과 상처』를 연재할 당시 이경자 선생님과 나는 방이동의 박완서 선생님 댁을 문턱이 닳도록 찾아뵈었는데, 그때마다 장미 한 다발을 사 갖고 가는 것을 잊지 않았습니다. 방이동에서 구리로 이사를 가신 이후에도 틈틈이 선생님을 찾아가 뵈었는데, 찾아갈 때마다 실천문학사를 도와달라는 말에 선생님께서 흔쾌히 작품을 주시기로 약속하여 『실천문학』에 연재를 한 뒤에 단행본으로 출간된 것이지요.

그런데 이 모든 공이 다 김영현 제 몫이라니, 이게 무슨 얼토당토않은 소리입니까. 이거야말로 재주는 곰이 넘고 돈은 되놈이 챙기는 격 아닐는지요. 그런 김영현의 모습에 나는 연민마저 느꼈습니다.

나는 양문규 시인이 그 타고난 생리로 말미암아 노래하고 있는 물상들에서 시선을 거두지 않기를 바란다. 시인 자신이 그처럼 높지 않은 생애를 살아왔으되 몸속, 마음속에서 환생을 꿈꾸고 있지 않은가. 그것이 바로 그가 노래하는 초라한 물상들의 본성이리라고, 나 또한 그렇게 생각하기 때문이다. 그가 노래하는 것들과 그 자신의 등가성을 시인은 깨닫고 있는 것 같다. 나는 그의 「눈길」을 보고 그가 자기의 삶의 행로를 깊이 들여다보고 있음을 알았다. 이 피안행의 태도가 있어 그는 거칢 속에서 고움을, 어둔 것에서 밝음을 걸러낼 수 있을 것이다. 그런 세계를 만들어갈 것이다.(방민호, 앞의 글)

방민호의 글에서 밝히고 있듯이 나는 첫 번째 시집과 두 번째 시집 사이에 많은 일을 겪었습니다. 그로 인한 아픔은 이번 시집을 이루는 주류이기도 하면서 그걸 극복하려는 의지이기도 하지요. "서로 인연하여 살아갈 수밖에 없는 사람들의 나약함이 모든 일들을 만들어낸다."는 방민호의 글은 설득력을 갖습니다. 그리고 그는 나의 시의 원천에 대해 "슬픔의 정조는 원형질과 같은 것으로서 어제와 오늘을 나누어 생각할 수는 없다."고 하였는데요, 어쩌면 적확한 표현일지도 모른다는 생각을 해봅니다.

내가 걷는 길이 비록 어둡다 해도 그 어둠으로 밝은 길을 찾고자 노력할 것입니다. 반딧불이 삶이 혹 그런 것은 아닐까요. 어둠을 배경으로 삶을 이루지만 그 어둠으로 또한 빛을 찾고 있으니까요. 천태산에서 만난 반딧불이는 몸은 작지만 그 불빛은 어느 별 못지않게 환합니다. 나의 삶도 저 반딧불이처럼 "어둔 세상 외로운 발자취 속에서도/흔들리지 않고 사는/풀섶의 뜨거운 눈시울"(「반딧불」)이고 싶습니다. 서울 아닌 변방에 둥지를 틀고 살지만 "살을 저미는 적막 속에 너를 가두고/굴참나무숲 바람 소리에 몸을 기"대어 살고 있으니까요. 그리고 "내 몸 속에 너를 키우"(「내 몸 속에 너를 키운다」)고 환한 세상으로 나아가고자 합니다.

실천문학사를 그만두고 낙향하기 전 가을, 신경림, 박완서, 이경자 선생님과 서울에서의 마지막 여행을 하게 되었습니다. 그때 속초에서 고형렬, 이상국 시인과 합류하여 이경자 선생님 생가로 들었는데요, 어떤 연유로 내가 그 여행에 동행하게 되었는지는 기억은 잘 나지 않지만 분명한 게 하나 있습니다. 오고 가면서 박완서, 신경림 두 분은 나의 아픈 상처를 따듯하게 어루만져주셨지요. 고형렬, 이경자, 이상국 선생님도 같은 마음이었습니다. 처지가 딱한 나를 위로해주었던 그분들의 마음 씀씀이를 나는 평생 가슴에 두고 잊지 못할 것입니다.

여행에서 돌아온 후 나는 신경림 시인의 여섯 번째 시집 『쓰러진 자의 꿈』(창작과비평사, 1993)을 다시 읽었습니다. 편편마다 세상살이의 궁극적 목표가 무엇인가 집약되어 있었는데요, 그것은 신경림 시인이 「시집 뒤에」에서 쓴 글에 보다 더 적확하게 드러나 있었습니다. 신경림 시인은 "나는 아무래도 쓰러지고 깨지는 것들 속에 서 있을 수밖에 없을 것 같다. 어차피 시는 괴롭고 슬픈 자들, 쓰러지고 짓밟히는 것들의 동무일진대 이것이 크게 억울할 것은 없다."고 하였습니다. 그리고 "시는 궁극적으로 자기탐구요 시의 가장 중요한 주제는 자신일 수밖에 없다는 생각도 많이 하지만, 쓰러지는 자들, 짓밟히는 것들의 상처와 아픔을 어루만지고 흩어지는 것들, 깨어지는 것들을 다독거리는 일"을 자신의 숙명이라 여기고 있었습니다. 그걸 다시 읽고 읽으면서 큰 깨달음이 다가왔습니다.

나에게 상처와 아픔을 안겨주었던 모든 사람은 나의 진정한 스승일 것이니, 김영현으로부터 파생된 낙향은 오히려 세상의 본질을 바로 볼 수 있는 계기를 마련해준 것이라 자위해봅니다. 뿐만 아니라 그동안 서울의 바쁜 생활로 놓쳤던 자연의 질서를 몸으로 익히는 법도 체득할 수 있었으니 얼마나 고마운 일입니까. 무엇보다 천태산 은행나무를 만날 수 있게 해준 셈이니 평생 김영현을 참 스승으로 모셔야 하지 않겠는지요. 그동안 보고 듣고 만지지 못한 것들을 천년 은행나무로부터 하루도 거르지 않고 배우고 있습니다.

이제 곧 두 번째 시집 『영국사에는 범종이 없다』가 출간될 것입니다. 그리고 오는 늦가을 박사 논문 「백석 시의 창작방법 연구」도 마칠 수 있겠지요. 노오란 은행나무 단풍을 지나 천태산 눈길을 걸을 날을 그리면 행복합니다. "눈 위에 눈을 포"개지 않아도 눈을 읽을 수 있는 혜안을 얻을 수 있을지도 모르니까요.

지상의 새들이 나뭇가지에 앉아서
눈 위에 눈을 포갠다
아직도 눈보라는 길을 끊고
새들은 푸드득,
눈 속으로 가지 않아도 가고 있다
여울목 산모퉁이를 돌아 나는 간다
절 속으로 들어가는 길
무심코 밟고 지나갔을,
이 세상의 가벼운 눈물 한 방울
눈을 맞춘다
눈이 길의 눈 속으로 들어간다
끊임없이,

추억의 오랜 울음을 감싸안고

그 속을 내가 간다

—양문규, 「눈길」 전문

오늘도 나는 은행나무 곁을 서성이는 것을 잊지 않습니다. 비록 '쓰러진 자의 꿈'이어도 괜찮습니다.

천태산에는 영국사가 있다

절을 찾아가는 마음은 실로 기쁘기 그지없습니다. 잠시나마 번잡하고 복잡한 세속을 놓고, 깊고 그윽한 산사의 풍경 속으로 발걸음을 옮긴다는 것만으로도 행복합니다. 절을 감싸고 있는 주변 풍경이 빼어난 경치를 자랑한다면, 이는 더할 수 없는 즐거움이겠지요. 영국사는 바로 이런 조건을 지니고 있습니다.

영국사는 천태산에 위치한 천년고찰로, 양산 팔경 중 제1경으로 꼽힙니다. 세월의 발자취를 좇아 유래를 살펴보면 그 역사가 확연히 드러나는데, 창건 연대는 신라 시대로 거슬러 올라가지요. 신라 제30대 문무왕 8년에 원각국사圓覺國師가

창건하였고, 이후 고려 제23대 고종 때 감역監役 안종필安鍾弼이 왕명으로 탑 · 부도 · 금당金堂을 중건하고, 절 이름을 국청사國淸寺라고 하였습니다. 그 뒤에 제31대 공민왕에 의해 다시 영국사로 불리게 되어 오늘에 이르고 있는 것이지요. 당시 원나라의 홍건적이 개성까지 쳐들어와 왕이 신하들을 거느리고 이곳에 피난하여 국태민안의 기도를 올렸다고 합니다. 이에 고려군이 홍건적을 무찌르고 수도 개경을 수복하게 되자 왕이 기뻐하며 부처님에게 감사드리고 떠나면서 절 이름을 영국사로 바꿔주었다고 전합니다. 또한 일설에는 조선 태조 때 세사국사洗師國師가 산명을 지륵, 절 이름을 영국사라 명명하였다고 전해지기도 하나, 신빙성이 없는 낭설로 간주하는 편입니다.

주차장에서 영국사까지는 1킬로미터 남짓 되는데, 소요시간은 넉넉잡아 도보로 20여 분쯤이면 충분할 듯싶습니다. 주차장을 벗어나 200여 미터 지나면 아기자기한 산길로 접어들게 됩니다. 여기서부터가 절경이지요. 산 전체가 바위로 이루어진 천태산은 가히 충북의 설악이라고 불릴 만한 아름다움을 지니고 있습니다. 큰 바위, 작은 바위들이 형제자매처럼 오순도순 앉아 덕담을 나누고 있는 것처럼 길손을 편하게 맞아줍니다. 길 양편으로 서 있는 나무들도 그 멋을 더해주는데, 느티나무, 벚나무, 개암나무, 때죽나무, 팽나무, 버드나무, 옻나무, 느릅나무, 고로쇠나무, 검팽나무, 갈참나무 등으로 에워싸인 울창한 숲이 일품이지요. 특히 가을이면 형형색색의 단풍들로 찾는 이들의 발길을 붙잡아놓곤 한답니다.

산길을 타고 한참을 오르다 보면 쭈글쭈글한 바위가 머리를 길게 내밀고 있는데, 그 형상이 마치 삼신할머니를 닮았다 하여 삼신바위라 불립니다. 이곳에서부터 길은 더 좁아지는데, 삼신바위를 지나 한 고개를 올라서면 큰 바위들이 하늘을 떠받들고 서 있습니다. 바로 삼단폭포가 눈앞에 펼쳐집니다. 물 밑바닥이 훤히 드러나는 너른 바위에는 물구덩이가 있습니다. 삼단으로 이루어진 폭포를 타고 내려온 물줄기가 쉬어가는 곳으로, 움푹 파인 돌구덩이에는 항상 물이 철철 흘러넘칩니다. 반들반들한 바위를 타고 수정처럼 맑은 물이 선녀의 옷자락처럼 하나둘 폭포를 형성하다가 마지막 폭포수를 쏟아냅니다. 이렇게 폭포가 삼단으로 이루어졌다 하여 삼단폭포라 하는데, 과거에는 용추폭포라 불렸지요.

삼단폭포에서 은행나무가 보이는 고갯마루까지는 한걸음입니다. 가파른 고개를 숨도 쉬지 않고 오르면 막혔던 가슴이 탁 트이는 것처럼 넓은 분지가 나타납니다. 망탑봉에서 내려오는 길과 만나는 이 고갯마루에서 바라보는 산경은 마치 무릉도원같이 절경입니다. 도화나무 대신 한 그루 은행나무가 천태산을 품고 서 있습니다. 마치 산촌 마을을 지키고 있는 노거수처럼 정겹기만 한데, 그 앞에는 닥지닥지 붙은 다랑이논들이 낮게 엎드려 내방객을 편안하게 맞아줍니다. 그 품안에 천년 고찰 영국사가 고즈넉하게 둥지를 틀고 앉아 있는 것이지요. 절과 함께 마을에는 아직도 대여섯 집이 어깨를 맞대고 살아가고 있는데, 옛 마을의 토속적인 삶의 형태를 보는 것 같아 즐겁기 그지없습니다.

천연기념물 제223호로 지정된 아름드리 은행나무는 영국사의 빼놓을 수 없는 명물입니다. 높이 31미터, 가슴높이 둘레는 11미터로 수령이 자그마치 천년이 넘습니다. 이 나무는 천태산에서 가장 오래된 나무요, 영국사의 내력을 일러주는 산부처이지요. 가지 중의 하나는 땅으로 늘어져 땅에 머리를 박고 또 다른 생명을 키우고 있으니 그 신비함이 어찌 신앙의 대상이 아닐 수 있겠습니까. 천태산 영국사를 찾는 연유를 가히 짐작하고도 남음이 여기에 있을 것입니다.

늙은 은행나무는 나라에 환란이나 재난이 있을 때마다 울음을 기이하게 운다고 전하지요. 그러나 나는 그 울음을 생명의 소리라 명명한 적이 있습니다. 몇 해 전 이른 봄날 내가 들었던 그 울음은 분명 생명을 아우르는 소리였습니다. 나뭇등걸 속에서 생명을 키우는 소리가 들어앉아 있는 게지요.

영국사에는 만세루 외에도 여섯 채의 건물이 있습니다. 대웅전, 산신각, 적묵당, 계월암, 해우소, 그리고 내가 머물고 있는 대나무집이 그것입니다.

대웅전은 조선 중기의 건물로 정면 3칸, 측면 2칸의 다포계 맞배지붕입니다. 충청북도 유형문화재 제61호로 지정된 이 건물은 천태산을 배경으로 신좌을향辛左乙向으로 지어져 있습니다. 대웅전 안은 정면에 삼존불상이 모셔져 있는데, 중앙에 석가여래좌상, 좌우 양쪽에 관세음보살좌상과 지장보살상이 모셔져 있습니다. 서쪽 벽에는 신장탱화, 동쪽 벽에는 삼장탱화, 뒤쪽에는 칠성 · 독성 · 상단 정신조성탱화가 있습니다. 이 건물은 1980년 해체 · 복원되었으나, 기둥과 기와가 부식되고 건물 전체가 동쪽으로 기울어 해체하여 복원 중에 있습니다. 만세루, 계월암 등의 건물은 최근에 지어진 것들로 천태산과 자연스런 조화를 이룹니다.

영국사는 충북 도내에 있는 사찰 중 법주사 다음으로 많은 문화재를 보존하고 있습니다. 보물로는 영국사 부도(보물 제532호), 삼층석탑(보물 제533호), 원각국사비(보물 제534호), 망탑봉삼층석탑(보물 제535호)이 있습니다. 이 밖에도 충청북도 유형 문화재 석종형 부도, 원구형 부도 등이 있지요.

영국사 부도는 영국사에서 남쪽으로 약 200미터 되는 언덕 위에 있습니다. 신라와 고려 시대에 많이 조성되었던 팔각당형 부도이며 화강암으로 되어 있는데, 지대석에서 보주까지 대부분 원형에 가깝도록 보존되어 있습니다. 이 부도는 신라 말에서 고려 초 사이에 만든 것으로 보이며, 원각국사의 유골이 영국사에 안치되어 있다는 비문을 유추하면 이 부도가 원각국사 사리를 안치한 것이 아닐까 생각합니다. 삼층석탑은 신라식 일반형의 석탑입니다. 2층 기단 위에는 3층의 탑신을 세우고, 기단부는 상하층 수매의 판석으로 조립되어 있으며, 면석에는 인상이 조석되어 있는 석탑입니다. 현재 해체되어 보관 중인데 본래 자리에 안치할 것으로 보입니다. 영국사에서 동쪽으로 약 500미터 지점의 망탑봉 정상에 있는 망탑봉삼층석탑은 거대한 화강암반 위에 건립한 일반형의 석탑으로, 자연을 그대로 이용하여 기단을 조성하였습니다. 원각국사비는 고려 명종 10년인 1180년에 한문준이 비문을 지어 건립하였다고 『조선금석총람』 상권에 그 전문이 소개되어 있습니다. 영국사 남쪽으로 150미터 되는 낮은 언덕 위에 축대를 쌓고, 그 위에 세워져 있지요. 조선 숙종 때인 1709년 조성된 영국사 후불탱화는 가로 285센티미터 세로 324센티미터의 대작으로, 조성 연대와 작가, 발원자 등이 확실해 조선 시대 불교사 연구에 귀중한 자료로 평가됩니다. 이 후불탱화는 10여 년 전 도난당한 것을 다시 찾은 것인데, 현재 수덕사 성보박물관에 임시 보관 중입니다. 다시 제자리로 돌아올 것을 기대해봅니다.

영국사는 규모는 작지만 그 나름의 개성을 듬뿍 지니고 있습니다. 절을 둘러싼 산자락의 소나무숲은 영국사의 그윽한 정취를 한층 뽐냅니다. 대웅전 뒤편의 대나무숲과 뜰 마당의 단풍나무, 보리수, 감나무, 백목련 등도 그 멋을 한껏 드러내

지요. 그리고 적묵당 옆으로 수국, 겹벚꽃, 두릅나무 등도 영국사의 자랑거리입니다. 대나무집 앞에는 사시장철 맑은 물이 흐르는데, 졸졸졸 흐르는 물소리가 어찌나 맑고 깨끗한지 물속 나라에 온 것처럼 느껴진답니다.

여름이면 반딧불이가 나는 천태산은 생태계의 보고로도 알려져 있습니다. 산과 계곡에는 갖가지 동식물이 서식하는데, 노루, 고라니, 족제비, 참다람쥐, 오소리, 너구리 등의 들짐승이 영국사를 제집 드나들듯 합니다. 부엉이, 뻐꾹새, 서쪽새, 딱따구리, 후투티, 꾀꼬리 등의 날짐승도 함께 살지요. 머루, 다래, 으름이 그득하고, 봄부터 가을까지 토종 식물들도 꽃을 피우고 지우며 어우러집니다. 영국사는 눈길 가는 곳마다 발길 닿는 데마다 절경입니다.

영국사를 중심에 두고 천태산에 얽힌 전설은 아직도 면면히 전승되고 있는데, 공민왕의 옥새를 숨겨놓았던 '옥새봉'이 있고, 6조六曹가 자리 잡았던 '육조골'이 있는가 하면, 천년 장수를 소망한다는 '거북바위'의 전설이 있습니다. 또한 죽은 영감의 극락왕생을 소원했던 할머니의 간절한 염원이 담긴 '나무영감'에 대한 전설도 내려오지요. 어디 그뿐이겠습니까. 공민왕이 물을 건너기 위해 칡넝쿨을 걷어다 새끼처럼 꼰 다음 다리를 만들었다고 해서 붙여진 '누다리'가 있지요. 그리고 특히 은행나무의 울음에 대한 전설은 세인들에게 가장 널리 회자되는 이야기입니다.

영국사로 찾아오는 데에는 여러 갈래의 길이 있습니다. 충청남도, 경상북도, 전라북도와 도계를 나누고 있는 관계로 교통이 사방팔방으로 발달돼 있어 찾기가 수월합니다. 영동에서 학산을 지나 양산에서 금산 방향으로 가다가 호탄다리를 건너는 길이 있고, 옥천에서 이원을 지나 무주 구천동 방향으로 가다가 명덕리를 지나치는 길, 그리고 금산에서 천래강을 따라 영동 방향으로 오다가 호탄다리를 건너 찾는 길이 있습니다. 어느 길로 들어 영국사를 찾든, 산사를 좇아가는 그 마음은 즐겁고 기쁘지 아니하겠습니까. 아직 천태산을 찾지 않았다면, 바쁜 세속의 일을 잠시 내려놓고 은행나무 곁으로 들어보지 않으시렵니까.

천태산에는 영국사가 있습니다.

제2부

산동네 꽃동네

당신이 천년 동안 우뚝 서서 내려다보는 영국동에 진달래꽃이 한창입니다. 조팝나무도 다투어 꽃을 피우기 시작하였습니다. 산방에서 바라보는 풍경이 너무 아름다워 나도 모르게 어릴 때 부르던 「고향의 봄」을 흥얼거려봅니다. 당신을 중심에 두고 천태산 골짜기가 온통 꽃으로 환합니다.

4월, 이 눈부시게 환한 세상을 서양의 한 시인은 “잔인한 달”이라 말했는데요, 우리의 4월도 예외가 아니지요. 일제 식민지에서 벗어나 지금까지 오면서 너무나 많은 아픔을 겪어야 했잖아요. 제주 4·3 민중항쟁, 4·19혁명 등을 겪으면서 무자비한 군경의 총칼에 수많은 민중들이 목숨을 잃었지요. 살아남은 가족들의 가슴엔 깊은 골이 패어 지금도 시시때때로 남몰래 피눈물을 쏟고 있을 것입니다. 그러나 봄이 오면 어김없이 지천으로 피어나는 꽃들은 그 아픔을 아는지 모르는지 산동네를 온통 꽃동네로 치장합니다.

일제 강점기 식민지 현실이 가져다준 상처는 해방이 된 뒤에도 우리에게 엄청난 폐해를 남겼습니다. 미 · 소 연합국에 일본이 패망하고, 그 덕분에 우리는 해방을 맞게 되었지만 주체적 역량으로 획득하지 못한 민족의 운명은 국토가 분단되는 불행으로 이어지고, 그 와중에 제주 4 · 3 민중항쟁, 6 · 25전쟁, 4 · 19혁명과 같은 피할 수 없는 시련을 맞게 된 것이지요. 그런데 이러한 역사적 사건들도 그 속을 깊이 들여다보면 일제 식민지 현실에서 파생된 것이라 하겠지요. 식민지 현실에서 중첩된 민족 내부의 모순이 이런 아픔을 가져다준 것입니다.

제주 민중항쟁을 예로 들어봅시다. 민족 모순의 갈등으로 4 · 3 사건이 일어났고, 이를 진압하는 과정에 미군정과 서북청년단이 개입하면서 얼마나 많은 사람들이 죽었나요. 잘못된 뿌리의 근원은 일본에서 비롯된 것이고, 그 한가운데

또 미국이 있지요. 해방 뒤에 친일 세력을 제거하지 못한 게 누구 때문일까요. 이승만 정권은 바로 친일 세력과 미국을 등에 업고 등장한 게 아닌가요. 결국 이들은 4·19혁명으로 종말을 고하게 되었지만, 민주사회의 싹이 자라기도 전에 박정희 정권이 들어서게 되었지요. 박정희 정권의 실세들은 또 어떠한가요. 청산되지 못한 일제의 잔재가 그 뿌리를 이루고 있지요.

화창한 봄날, "복숭아꽃 살구꽃 아기 진달래"가 천지 사방을 꽃동네로 만들고 있는데, 웬 일본 이야기냐고요? 그리고 일제 잔재가 청산되지 못했느니 어쨌느니, 이러쿵저러쿵하는 것을 당신은 뜨악해할지도 모릅니다. 그러나 바깥세상을 한번 둘러봐요. 당신이 서 있는 천태산에는 벚나무가 보이지 않지만, 북고개 남고개만 넘으면 벚나무가 온 산하를 뒤덮고 있지요. 어디 그뿐인가요. 남쪽에서 시작된 벚꽃 축제는 서울까지 줄줄이 이어지고 있어요. 이러니 봄만 되면 이 나라가 온통 벚꽃 축제에 넋이 나가는 건 아닌지 착각할 때가 많습니다. 진해 군항제에서 시작된 벚꽃 축제는 서울 여의도에서 끝나는 게 아니라, 강원도 산골짝에서까지 한바탕 난리를 피우고 나서야 끝이 나지요.

당신은 천태산에서 천년의 삶을 살아오느라 바깥세상에는 좀 어두울지 모르겠습니다. 그리고 벚나무는 우리의 자생나무인데 그걸 가지고 왜 구시렁대느냐고 반문할지 모르겠습니다. 하지만 그게 아니에요. 벚꽃이 단지 일본을 상징하는 꽃이라서 그리 말하는 게 아니랍니다. 획일적인 문화에 대해 염려하는 것이지요. 그 많은 꽃들은 다 놔두고 하필이면 왜 벚꽃을 가지고 축제를 하는지 모르겠습니다. 일본의 최대 벚꽃 축제가 어째서 우리 산천에서 똑같은 방식으로 치러져야 하는지 안타까워서 하는 이야기입니다.

당신이 귀한 것은, 당신의 삶이 아름다운 것은 천년의 세월이 지났음에도 처음처럼 당신만이 보여줄 수 있는 삶의 가치를 온전히 내장하고 있기 때문입니다.

우리의 문화는 왜색으로 뒤범벅되어 있어요. 대중문화는 물론이거니와 우리의 얼과 같은 모국어도 거기에서 한 발짝도 벗어나지 못하고 있는 현실입니다. 일상어에서도 왜색어가 얼마나 많이 소통되나요. 굳이 열거하지 않아도 당신은 너무나 잘 알고 있을 것입니다. 먼먼 옛날부터 일본이 우리에게 얼마나 큰 고통을 안겨주었는지 말이에요.

벚꽃은 참으로 화려한 꽃이지요. 봄날을 명징하게 드러내주는 데 제격이라 말할 수 있을 것입니다. 그러나 좀 심한 것 아닌가요. 누구의 발상으로 그리 많이 심어졌는지 모르지만 언제부터 우리의 가로수가 모두 벚나무로 변해버렸나요. 새로 생기는 도로의 주변에도 어김없이 벚나무가 심어질 정도이니 이 노릇을 어찌해야 할까요.

우리의 문화, 우리만의 문화가 아쉬워요. 당신처럼 자기만의 고유한 색깔을 지닌 나무가 그리워요. 당신처럼 오래된 은행나무가 그립습니다. 천연기념물로 지정된 은행나무는 여러 지역에 많이 있지만 나는 당신을 가장 아름답게 생각합니다. 당신 옆에 살아서가 아니지요. 양평 용문사의 은행나무를 비롯해 가까이 금산 보석사의 은행나무도 여러 차례 찾아가 보았습니다. 이 나무들도 당신처럼 그 절의 내력을 나타내주고 그곳에서 가장 오래된 나무로 신성시되고 있지만, 어디 당신에 비할 수 있겠는지요. 그 지역 주민들이 들으면 좀 언짢아하겠지만, 그래도 할 수 없어요.

아, 당신처럼 천연기념물로 지정된 벚나무도 있습니다. 제

주도 5 · 16도로변에 자생하는 왕벚나무(천연기념물 제156호)이지요. 그리고 벚나무는 전남 해남군 대둔산과 구례 화엄사 일대에도 많이 자생하고 있답니다. 어디 그뿐인가요. 당신이 서 있는 천태산을 넘으면 금산 신원사 골짜기가 있는데요, 그곳에도 왕벚나무가 많이 자생하고 있지요. 만약 벚꽃 축제를 연다고 한다면 이런 곳에서 해야 하는 게 아닐까요. 한 가지 분명한 것은, 우리 모두가 너무 획일적인 문화에 젖어 있다는 거지요. 그리고 알게 모르게 쉽사리 일본 문화에 동화되어 있는 것 같기도 하고요.

벚꽃을 싫어하는 사람이 어디 있을까마는 유달리 벚꽃을 좋아하시는 어머니가 어느 날 제게 이런 말을 하시는 거예요. "벚나무는 좀 심하지 않냐. 아니, 그걸 심는 사람이 더 문제가 있다야." 농사로 평생을 살아온 촌 할머니이지만 일리가 있는 말 같아서 그 내용을 간단하게 옮기면 이러하답니다.

영동에는 가로수로 감나무가 심어져 있습니다. 영동이 감골이고 보면 지역의 특색에 잘 어울리는 셈이지요. 어머니 말씀의 핵심은 두 가지예요. 하나는 지역의 특색에 맞는 나

무를 심자는 것이고요, 또 하나는 감나무 같은 유실수를 심자는 것이지요. 그런데 왜들 하필이면 벚나무만 고집하는지 알 수가 없다는 말씀이지요. 우리 어머니 발상이 어떠한가요. 물론 가난한 세대의 사람이니 그럴 수 있다고 해요. 하지만 전국의 벚꽃 축제는 해도 너무 한다는 생각이 듭니다.

봄이면 온 천지가 다 꽃인데, 우리 어머니는 오늘도 제게 이러쿵저러쿵하십니다. 어디 벚꽃만 꽃이냐고요. 복숭아꽃 살구꽃은 꽃이 아니냐는 거지요. 그러면 나도 한마디 하지요. "복숭아 축제도 많고, 매화 축제도 있당게, 냅둬요." 우리 어머니 말씀은 이런 나무들로 가로수를 심는다면 감나무가 감을 선사하는 것처럼 맛있는 복숭아나 살구를 선사할 텐데, 그게 아쉽다는 것이지요.

당신이 서 있는 천태산 영국동에 복숭아꽃 살구꽃이 한창입니다. 벚꽃 대신 어릴 때 즐겨 부르던 「고향의 봄」을 흥얼거리며 당신 곁에 있으니 참으로 행복합니다. 가로수로 벚나무만이 아니라 복숭아나무, 살구나무, 배나무, 사과나무를 심는다면 얼마나 좋을까요. 내 고향의 봄은 복숭아꽃, 살구꽃, 배꽃, 사과꽃이 한창일 것입니다. 어머니의 따스한 마음처럼 말입니다.

제가 이리 당신 곁에서 주절거려도 당신은 햇살이 부서지는 작은 잎사귀를 바람에 헹굴 뿐이군요. 나는 진달래나 한 움큼 따먹으러 남고개에 올라가렵니다.

기러기 울음만도 못한 시

"기러기 울음만도 못한 시를 쓰는 사람입니다. 끼륵끼륵 울음을 우는 기러기는 저의 마음을 울립니다. 저의 외로움을, 아픔을 어루만져줍니다. 바닷가에서 나는 기러기 울음소리와 같이하며 많은 시간을 보냅니다. 그런데 난 나를 울리는 시 한 편을 얻지 못하고 살아갑니다. 그런 면에서 이 상은 저 기러기에게 주어야 하는 건 아닌지요. 자신을 감동시키지 못하는 시인을 어찌 시인이라고 상을 줄 수 있겠습니까. 지역에서 어렵게 시 전문지가 나오는데, 여기도 별반 다르지 않으리라 봅니다. 가난한 문학지에 이 상을 주어야 하는 건 아닐까요."

이 말은 함민복 시인이 어느 문학상 시상식 때 밝힌 수상 소감입니다. 짧은 수상 소감이지만 참으로 감동적인 전언이었지요. 시인은 천형처럼 가난을 즐기며 사는 사람인지도 모릅니다. 아무것도 가진 것이 없는, 무엇을 욕망하는 것 없이 오직 자신을 감동시키고자 하는 것이지요. 그리하여 욕망으로부터 자유롭게 자신을 비우고 또 비우며 사는 것이지요. 함민복 시인이 그런 사람인 것 같습니다.

바다가 내려다보이는 강화도 외진 마을의 허름한 집에 전세 들어 사는 시인이 있습니다. 시인이 살아가는 삶의 방식에 대해서는 주변의 시인들을 통해 익히 들었습니다. 그런데 일 년 치 집세가 고작 십만 원이라니……. 시인을 지면에서가 아니라 얼굴을 맞대고 이야기를 나누게 된 것은 이번이 처음입니다.

임우기 평론가는 함민복 시인의 세 번째 시집 『모든 경계에는 꽃이 핀다』(창작과비평사, 1996)의 약평에서 "시인은 공기가 되고 싶은가 보다. 공기 속을 떠도는 울음소리가 되고 싶은가 보다. 그러나 시인은 알고 있다. 공기가 되기 위해서는 흙도, 꽃도, 달도 될 줄 알아야 한다는 것을, 그리고 똥도, 눈물도……”라고 하였습니다. 시인은 이상과 현실, 시적인 것과 비시적인 것, 자본과 반자본, 도시와 농촌, 문명과 원시 등으로 양분되는 혼돈의 세계에 서 있는지 모르겠습니다. 이런 카오스의 한가운데에서 시인이 추구하는 세계는 맑고 순수한 그 무엇이겠지요. 그러므로 시가 빛나는 것이 아닐까요. 함민복의 시를 읽으면서 그런 생각을 해봅니다. “공기가 되고”, “공기 속을 떠도는 울음소리가 되고” 싶은 마음을 그려봅니다. 그러나 시인은 알고 있습니다. 공기가 되고, 그 공기 속을 떠도는 울음소리가 되기 위해서는 현실 속에 있어야 한다는 것을. ‘흙, 꽃, 달, 똥, 눈물’이 되어 ‘금호동 산동네’의 “아수라 장바닥” 속에 말이에요. 그것은 가시적인 세계이겠지요.

당신의 삶도 그러하지요. 사람들이 당신을 하늘이고, 하늘 속을 떠도는 바람이고, 봄날 황소울음으로 우는 울음으로 신비화시키는 것도 그런 데 있는 것이지요. 그러나 나는 알고 있어요. 당신은 하늘을 향해 솟구쳐 있는 것 같지만 실제로는 땅에 사랑을 두고 있다는 것을 말이에요. 이 땅의 못나고 보잘것없는 사람들을 꼭 빼닮아 있다는 것을.

내 사랑하는 당신, 함민복의 시를 읽어볼게요.

내 살고 있는 곳에 공터가 있어
비가 오고, 토마토가 왔다 가고
서리가 오고, 고등어가 왔다 가고
눈이 오고, 번개탄이 왔다 가고
꽃소식이 오고, 물미역이 왔다 가고

당신이 살고 있는 내 마음에도 공터가 있어

당신 눈동자가 되어 바라보던 서해바다가 출렁이고
당신에게 이름 일러주던 명아주, 개여뀌, 가막사리, 들풀이 푸르고
수목원, 도봉산이 간간이 마음에 단풍들어
아직은 만선된 당신 그리움에 그래도 살 만하니

세월아 지금 이 공터의 마음 헐지 말아다오

—함민복, 「공터의 마음」 전문

함민복의 많은 시편 가운데 제가 가장 즐겨 읽는 시입니다. "공터의 마음"을 따라 마음을 비우며 노랗게 물든 당신을 바라봅니다.

당신이 살고 있는 천태산 자락에도 이 시에서처럼 공터가 있지요. 비가 오고, 눈이 오고, 여린 새싹들이 뽀얗게 얼굴을 내밀고, 또 만산홍엽의 가을이 왔다 가지요. 그 자리에 당신이 살고 있고, 내 마음에도 공터를 갖고 싶기에 당신 곁에 오래 머물고 있는지도 모르겠습니다.

당신의 눈동자가 되어 바라보던 산, 산들……. 기암괴석으로 하늘을 수놓고, 망탑봉 너머 비봉산과 갈기산이 병풍이 되어 천태산을 사철 빛내고 있으니, 당신으로 하여 천태산이 행복한 삶을 꾸려나가고 있으니, 이것이 곧 "공터의 마음" 아닐까요.

당신은 오래오래 살아왔으니 많은 것을 보고 듣고 했을 것입니다. 어떤 날은 기쁨에 벅차서 하늘을 끌고 내려와 세상을 온통 푸르게 덧칠하였을 것이고, 어떤 날은 하도 슬퍼서 그 많은 가지의 잎새들을 모두 떨구고 하늘로 돌아가고픈 마음도 있었겠지요. 그러나 당신, 당신의 마음은 늘 비어 있습니다. 비워 있음으로 충만한 마음을 "단풍들어" 노오랗게 "만선된 당신 그리움"에 눈시울을 적시는 것이지요.

천태산은 대부분 살아갈 날이 얼마 남지 않은 사람들이 자주 찾습니다. 그들은 가난한 사람들입니다. 가난하지만 가난으로 기죽지 않고, 가난함으로 오히려 마음이 넉넉한 삶을 위안으로 살아갑니다. 아랫마을 과수댁 학산댁이 그렇고, 날망집 김영감이 그렇습니다. 그들은 '마음의 공터'를 가지고 있으니까요.

또 한 편의 시를 읽어봅니다.

하늘에 신세 많이 지고 살았습니다

푸른 바다는 상한 눈동자 쾌히 담가주었습니다

산이 늘 정신을 기대어주었습니다

태양은 낙타가 되어 몸을 옮겨주었습니다

흙은 갖은 음식을 차려주었습니다

바람은 귓속 산에 나무를 심어주었습니다

달은 늘 가슴에 어미 피를 순환시켜주었습니다

—함민복, 「몸이 많이 아픈 밤」 전문

함민복 시인은 바닷가에 살고 있습니다. 그의 많은 시편들은 바다를 소재로 하고 있지요. 내가 산과 강, 나무와 풀, 이웃사람들의 이야기를 어눌하게 시로 적듯이 그는 바닷가의 이것저것들을 시로 형상화합니다. 강화도는 산과 바다를 아우르는 아름다운 섬이지요. 함민복 시인의 거처도 산을 기대고 바다를 바라보는 언덕에 위치해 있을 테지요.

함민복은 철저하게 자연에 귀의하고 사는 시인입니다. 내가 당신과 천태산과 금강과 농사를 업으로 삼는 사람들에 기대어 사는 것처럼 그는 바다와 산과 바람과 갈매기 울음소리로 충만한 삶을 살아가는 것이지요. 자연을 스승으로 삼아 자연의 순리대로 살아가는 시인, 그의 시편들이 맑고 고운

서정을 지니는 건 당연하지 않겠어요. 함민복 시인의 시를 읽을 때마다 참으로 결 고운 심성을 지니고 있구나, 천성이 시인으로 타고났으니 가난이 가난으로 보이지 않고, 그가 지닌 가난까지도 아름다울 수밖에 없는 것이구나 생각합니다.

시인은 하늘에 신세를 지고 살아갑니다. 어느 누구도 하늘에 신세를 지지 않고 살아가는 사람은 없을 것입니다. 당신의 족속 나무들도 풀도, 산속의 들짐승 날짐승도, 물속의 고기들도, 살아 있거나 죽어 있거나 세상의 모든 물상은 다 하늘에 기대고 살아갑니다. 그러면서도 하늘을 잊고 삽니다. 구름과 바람과 비와 눈과 해와 달과 별을 잊고 사는 것처럼 말이지요. 그래서 이 시가 뛰어난 것이겠지요. "푸른 바다는 상한 눈동자 쾌히 담가주었"고, 그로 인해 세상을 바로 볼 수 있는 혜안을 얻었을 것입니다. "산이 늘 정신을 기대어주었"기에 탐진치貪嗔痴에서 벗어나 올곧은 삶을 지탱할 수 있었던 것이겠지요. "태양은 낙타가 되어 몸을 옮겨주"고, "흙은 갖은 음식을 차려주었"을 것이며, "바람은 귓속 산에 나무를 심어주었"을 것입니다. 하늘의 차가운 심장인 "달은 늘 가슴에 어미 피를 순환시켜주었"기에 나날이 새로운 삶을 살 수 있는 것이지요.

이 모두가 당신의 삶과 철저하게 닮아 있습니다. 당신으로 하여 이 모든 것을 배우며 살아갑니다. 함민복 시인이 그리워 당신 곁에서 너무 많은 말을 한 것 같군요. 이제 뒷방으로 들어가겠습니다. 묵상의 시간만이 천태산을 더욱 깊게 합니다.

가난하고 외롭고 높고 쓸쓸하니

내 사랑하는 당신, 오늘은 당신께 윤중호 시인 이야기를 하려고 합니다. 윤중호 시인은 김남주, 박운식 시인과 더불어 가까이에서 형제처럼 지냈던 사람입니다. 김남주 시인은 오래전에 이 세상을 떠났고, 윤중호 시인도 지금 이곳에 없습니다. 세상을 살아가면서 폼 나게 잘나가는 사람을 만나는 것도 행운이지만, 세상 외진 곳에서 철저하게 소외된 이웃들과 고통을 함께 나누며 사는 사람을 만나는 것도 행운이지요. 윤중호 시인은 그런 사람입니다.

내가 그를 처음 만난 것은 1989년 여름이었습니다. 그때 나는 어쭙잖게 낙원동에 간판을 달고 있던 민예총(한국민족예술인총연합) 살림을 맡고 있을 때였는데요, 어느 날인가 윤중호 시인이 낮술을 마셨는지 벌겋게 달아오른 얼굴을 하고, 무슨 거렁뱅이처럼 괴춤을 잡고서는 사무실 문을 빼꼼히 열고 어쭐어쭐 들어오는 것이었습니다. 세속의 모든 것을 다 비워버린 듯한 행색이 산에서 방금 내려온 도사 같아 보였답니다. 세상일 따위에는 전혀 관심이 없는 사람 같아 보이기도 하였습니다. 그러나 비죽이 웃는 웃음 뒤로 새파란 자존심이 빛나는 그런 사람이었어요. 통성명을 나누고는(이미 나는 주변의 선배 시인들과 특히 신경림 선생님으로부터 익히 들은 터라 그를 흠모하고 있었습니다) 반가워 꾸벅 절을 올렸지만 그는 냉담하기만 하였습니다. 자신의 꼴을 좀 닮은 어눌한 내 행색이 맘에 들지 않았던 모양인지 실실 웃기만 하는 것이었습니다(우리가 고향도 같고 고등학교 선후배 관계라는 것을 그도 일찍부터 알고 있었던 것 같았습니다). 우리의 만남은 그렇게 시작되었지요. 그날 이후 나는 시시때때로 윤중호 시인을 찾았습니다.

윤중호 시인은 뒷골목의 사부입니다. 그 또한 뒷골목의 사부를 두고 사는 사람이기도 했습니다. 그는 보통 사람들처럼 무난하게 살지 못하고, 가슴 저린 사연들을 간직한 채 목을 외로 꼬고 떠돌며 살았으니까요. "가난하고 외롭고 높고 쓸쓸하니" 남의 아픔까지도 숙명처럼 제 것으로 받아들이며 살아가는 시인이었지요. 그러면서도 그는 다행스럽게도 좋은 사람들을 많이 만났는데, 시인은 일찍부터 그들에게서 "우리 모두가 안쓰럽고 불쌍하기 짝이 없는 중생"이라는 걸 배웠던 것 같습니다.

윤중호의 문학도 거기서부터 출발하고 있습니다. 그가 추구하는 문학적 양심은 가난으로 고통받는 사람들의 삶을 살아내는 구체적인 삶의 방식과 지혜에 주목합니다. 시집을 비롯하여 소설집, 동화집, 산문집 등 여러 권의 저서에서 발견되는 그의 문학적 주제는 한결같습니다. 특히 첫 시집 『본동에 내리는 비』(문학과지성사, 1988)와 산문집 『느리게 사는 사람들』(문학동네, 2000)에서는 그의 삶의 궤적이 문학과 철저하게 맞닿아 있음을 명징하게 보여줍니다. 그는 지식으로서의 문학이 아니라 삶을 살아내는 양식으로서의 문학을 실천했던 것입니다.

윤중호 시인은 합정동 먹자골목을 지나 다세대 주택의 반지하방에 작업실을 두고 있었는데요, 거기에는 늘 사람들로 붐비곤 했습니다. 잘나가는 사람들은 하나도 없고, 가진 것이라곤 오직 불알 두 쪽만 달랑 차고 사는 사람들, 송기원 시인이 즐겨 쓰던 양씨 문중(양아치, 떠돌이패)의 사람들로 항상 복작거렸지요. 윤중호 시인은 그런 사람들과 호형호제하며 늘 따스함을 베풀며 살았습니다. 밥이며 술은 물론이고 잠자리까지 선뜻 내주었으니 말해서 무엇하겠어요. 내가 가끔 윤중호 시인을 찾았을 때에도 늘 그러하였습니다.

윤중호 시인은 지난 9월 3일(2004년) 이 세상을 하직했습니다. 췌장암 발병 40일 만에 일산병원 중환자실에서 쓸쓸한 외길의 삶을 마감한 것이지요. 그가 숨을 놓기 며칠 전 투병생활을 하였던 옥천 황룡사 대림선원 적묵당에서의 만남이 마지막이 되고 말았답니다.

나는 그의 임종도 지켜보지 못했지요. 작고하는 날 새벽 소설가 김혁 형으로부터 급히 올라오라는 전갈을 받았지만, 9월 4일 영동 송호 솔밭에서 '제1회 아시아 시낭송 및 문학강연' 행사를 준비해야 했기 때문에 도저히 올라갈 수가 없었습니다. 그의 죽음을 나에게 처음 알렸던 사람은 김용항

(도서출판 온누리 대표) 형이었는데, "죽었는디……, 중호가니가 무척 보고 싶은 갑다. 바쁠 텐디, 어쩌겠냐, 그래도 잠깐 올라왔다 가야겄지. 안 그럼 중호 서운허다고……." 하면서 말을 잇지 못했습니다. 나는 애먼 전화통에다 대고 공연히 푸념만 해대었습니다. "참 성님 성질도 급하셔. 좀 더 살지. 그리고 이왕 갈 티면 며칠도 못 참나, 참 거시기하네." 그날 나는 참으로 많이도 울었습니다.

비설거지할 참도 마다하고
곰새 내리다가, 히뜩
골안개만 피우고 사라지는
여우비
처럼, 황망하게 가셨네.
개갈 안 나는 세상이라구
비죽이 웃으시더니,
슨상님 혼자 손 털고 뒷짐 진대유?
세상은 여적 그 세상인디…….

―윤중호, 「나헌티는 책음감 있이 살라구 허시등만」 전문

이 시는 이문구 선생님이 암으로 생을 마치자 그의 죽음을 안쓰럽게 여기며 쓴 시입니다. 시를 보셔서 아시겠지만, 윤중호 시인에 대해 더 말을 붙이는 건 실례가 되겠지요. 그런데 윤중호 시인 역시 암으로 세상을 하직하고 말았으니, 그의 시 한 구절처럼 "세상은 여적 그 세상인디……" 뭐가 그리 급해 "여우비/처럼, 황망하게" 세상을 등지고 "혼자 손 털고 뒷짐" 지려고 하는 것인지. 불쌍한 중생들은 누구를 의지하며 살아가라고 말입니다.

오는 10월 21일은 그의 혼을 천도하는 마지막 재가 있는 날입니다. 악다구리같이 돌아가는 세상에서 그를 만나지 못하는 슬픔이 내게는 클 수밖에 없습니다. 어디 저뿐이겠는지요. '뒷골목의 사부'처럼 많은 사람들에게 삶의 위안이 되어주었고, 가난한 이웃들에게 말벗과 뜻벗이 되어주었던 윤중호 시인을 영원히 만나지 못하리라는 슬픔 때문에 저는 오래오래 아플 것입니다. 그러나 산 자들의 몫이 있습니다. "가난하고 외롭고 높고 쓸쓸"했던 그의 삶의 발자취를 정리하고 기리는 작업은 우리들의 몫일 테니까요.

오는 2005년 9월 그의 일주기가 되는 해 '문학과지성사'에서 유고 시집을 발간할 예정입니다. 그리고 2009년 5주기에 맞춰 그의 모든 글을 모아 '윤중호 문학 전집'을 7권으로 발간할 계획도 있습니다. 여기에는 시, 소설, 동화, 산문 등이 망라될 것입니다. 그리고 그의 고향 언저리에 시비도 건립할 계획입니다. 당신 옆에 서게 되면 얼마나 좋을까요. 이 모든 작업은 바로 살아 있는 우리들의 몫이겠지요.

밤이 깊어가는데, 윤중호 시인이 보고 싶어 그가 즐겨 찾던 송호리를 찾았습니다. 시인이 없는 송호는 적막했습니다. 송호는 생전의 그가 '엄니'와 형제와 아내와 두 아들과 함께 찾던 쉼터였습니다. 고향으로 들고 싶었던 시인, 그러나 죽어서도 고향으로 들지 못한 시인. 나는 그가 보고 싶으면 송호로 달려가건만 어둠만 깊습니다.

송호는 적막하다
소나무가 시인 같고
시인이 소나무 같은
강변 솔밭 텅 비었다
생전에 각설이로

조선 팔도 떠돌면서
고달픈 처지 함께하며
웃고 울다가
그것도 시들하면
송호 솔밭으로 들어
고향 엄니
말동무나 되겠다던
뒷골목의 시인
강 건너 갔는가
아직 가엾은 사람
등짝 시리기만 한데
솔바람 소리
저 강 건너 갔는가

—양문규, 「송호松湖에서」 전문

어느새 가을이 이만큼 내려와 있습니다. 물소리 바람소리가 당신 곁에서 깊어갑니다. 윤중호 시인은 짧은 생을 살다 홀연 세상을 떠났지만, 그가 남긴 글들은 저 물소리 바람소리보다 깊다는 것을 나는 잘 압니다. 다음 생에도 부디 시인으로 태어나 '뒷골목의 사부'처럼 따스한 생을 베풀어주길 간절히 소망해봅니다.

내 사랑하는 당신, 가난하고 외롭고 높고 쓸쓸했던 윤중호 시인이 가는 길을 노란 은행잎처럼 환하게 밝혀주세요.

화정을 떠나며

화정花井은 한강을 경계로 서울과 김포를 마주 보는 곳입니다. 지금처럼 아파트 단지가 들어서기 전까지는 농경문화가 아주 발달한 곳이었지요. 극락천 가에는 논들이 황금 물결을 이루었고, 이 지역은 토질이 비옥하여 과수, 관상수, 화훼류, 채소 재배 등 농사가 주종을 이루었답니다. 뿐만 아니라 화정에는 솔밭이 많았는데, 목탁동 자락의 염주골에서부터 북쪽으로 완만하게 뻗은 능선까지 소나무숲이 수려하게 펼쳐져 있었지요.

화정은 기가 막히게 아름다운 곳이었습니다. 1900년대 초반 일산 신시가지 및 6개 택지 개발 사업의 일환으로 아파트 단지와 일반 주택이 들어서게 되었지만, 그 이름에서 유래하는 것처럼 여전히 아름다운 자태를 뽐내고 있긴 마찬가지입니다. 아파트 단지를 벗어나 잠시 눈길을 밖으로 돌리면 들과 산은 온통 꽃들의 세상이지요. 그중에서도 복숭아꽃과 배꽃이 화정을 화정답게 만들고 있습니다. 우물가의 앵두나무는 보이지 않지만요. 내가 화정에 삶의 둥지를 틀고 살게 된 것을 여간 기쁘게 생각하지 않는 연유가 그러합니다. 화정에 보금자리를 마련하기 전에는 원당 주교리 연립주택과 신도읍 삼송리 전셋집을 전전하며 살았었지요.

1986년 대학 졸업 후 한때 서울에서 생활했던 적이 있습니다. 잡지사에서 밥을 빌며 살던 때였는데, 이런저런 이유로 마지막 직장(여학생사)을 그만두고 1987년 말 무작정 고향으로 내려왔지요. 영동으로 내려온 나는 영동문화원 사무국장으로 일하며 지역문화 운동을 주도하는 등 새로운 삶을 모색하였답니다. 하지만 관습에 젖어 있는 지역문화를 바꾸기란 여간 어려웠던 게 아니었습니다. 종종 기득권 세력과 마찰을 빚곤 하였지요. 민속조사며 뭐며 내가 하는 일들에 사사건건 시비가 일고, 이런 일들이 비일비재하면서 한 번은 크게 말

싸움까지 벌였으니까요. 아직 세상 물정 모르던 내 탓도 있었겠지만, 그보다도 지금에만 안주하려는 문화원 측 잘못도 만만치 않았어요.

영동문화원 생활에 염증을 내고 술로 허송세월을 하고 있을 즈음 신경림 선생님께서 전화를 하셨어요. 정월 대보름 다음 날이라 기억되는데, 전날 박운식 시인과 밤새 술을 마신 탓에 비몽사몽이었지요. 어쨌든 그다음 날 무작정 상경한 후 서울 생활이 시작된 것이지요. 그렇게 해서 새로 설립된 민예총에 적을 두게 되었답니다.

그때 만난 판화가 류연복 형의 소개로 원당에 거처를 마련하고부터 고양군(현 고양시)과의 인연이 시작됩니다. 당시 민미협(민족미술인협회) 사무국장을 맡고 있던 형은 나의 행색을 보고는 주머니 사정을 고려했는지 수색, 행신, 화정 등지를 안내해주었습니다. 나는 어디가 어딘지도 모른 채 그가 일러준 대로 살 집을 찾아 돌아보게 되었는데, 그곳이 화정 다음 원당이었지요. 이후 서울을 오가면서 차창 밖으로 바라보는 주변 풍경들은 서울과 가까운 것 말고는 여느 농촌과 다를 바 없었습니다. 특히 화정은 봄이면 화사한 과수들의 꽃으로 장관을 이루었는데요, 낯설지 않은 주변 풍광이 오랫동안 나의 마음을 그곳으로 이끌어 붙들어맸나 봅니다. 얼마 지나지 않아 나는 화정으로 들었으니 말입니다.

화정 별빛마을 9단지에 입주한 것이 1994년 여름인가 그럴 텐데요, 같은 단지에는 시인 강형철과 평론가 한수영이, 10단지에는 시인 안찬수, 평론가 현준만이 살고 있었지요. 은빛마을과 옥빛마을에도 많은 문인들이 살았으며, 판화가 남궁산이 화정역 부근 다세대 연립주택에 작업장을 들이고 판화 작업을 하던 때였습니다. 남궁산과는 아주 가깝게 지냈는데, 주말이면 북한산, 장흥, 강화, 임진강 등을 오르내리며 삼겹살에 소주를 곁들여 먹곤 하였습니다. 그리고 유난히 꽃을 좋아하는 남궁산과 들꽃을 찾아 화정 주변의 산야를 누비고 다니기도 하였답니다. 이웃사촌으로 지내며 한 시절을 함께 행복하게 살았던 것이지요.

내가 실천문학에 몸담고 있던 시절과 화정에서 살던 때가 거의 일치하는데요, 서울에서의 10년 세월 중 전반기 5년은 민예총, 열림원, 작가회의 등이었고요, 나머지 5년은 실천문학이었어요. 서울에서의 생활은 한마디로 말한다면 문학을 비롯하여 문화예술과 관련된 곳에서 벌어먹고 산 셈이라 할 수 있지요. 주머니가 넉넉지 않아 씀씀이는 크지 않았지만, 주변 문화예술인들과 더불어 살 수 있다는 것만으로도 행복한 시절이었답니다.

특히 실천문학은 나에게는 아주 각별하고 소중한 의미가 담겨 있답니다. 실천문학이 경영난으로 험난한 길을 걷고 있을 때 문인들을 중심으로 자금을 모아 법인(주식회사)을 만드는 데 발 벗고 나섰으니까요. 나름대로 주인의식을 갖고 열심히 뛰어다녔지요.

어렵게 어렵게 실천문학을 주식회사로 만들고 나서 기획실장으로 일하게 되었는데, 1997년 IMF가 터지고 난 이듬해, 자의반 타의반으로 실천문학을 그만두게 되었지요. 이제와서 속사정을 구구절절이 말하기는 구차스럽지만, 참 암담한 시절이었습니다. 배신감이랄까, 실천문학을 그리 쉽게 그만둘 줄은 꿈에도 생각하지 못하였기 때문에 마음의 상처가 더 컸습니다. 늦게 시작한 대학원 공부도 마치기 전이었으니 상심이 이루 헤아릴 수가 없었지요. 무엇보다도 같은 문중(민중문학을 한다는)에서 한솥밥을 먹던 처지에 어찌 그럴 수가 있는가에 대한 회의로 몸과 마음이 많이 망가졌지요.

실천문학을 그만둔 이듬해 새봄이 오기 전 화정을 떠났습니다. 두 번째 낙향이 이루어진 셈이지요. 철모르던 때의 첫 번째 낙향과는 본질적으로 다르다고 할 수 있습니다. 처음에는 아내의 반대가 만만찮았으나, 그녀도 서울 생활에 상처받은 나의 아픔을 어설프게나마 이해하였던지 나중에는 못 이기는 척하며 따라주었습니다. 큰아이가 초등학교 5학년, 둘째 아이는 네 살 무렵이었지요.

고향으로 내려오긴 했지만 당장 먹고살 일이 암담하였습니다. 아내는 보건소 가정방문 간호사로 나서고, 나는 아버지의 농사일을 돕는 것으로 생계를 이어갈 수밖에 없었습니다. 부모님 뵙기도 민망스러웠지만, 식구들 보기가 더할 수 없는 고통으로 나를 짓눌렀습니다. 고립무원孤立無援, 간난신고艱難辛苦의 신세가 된 것이지요.

그런데 화정이 한 폭의 그림처럼 문득문득 눈앞에 펼쳐지는 거예요. 꿈속에서도 화정의 풍경이 머릿속을 아름답게 수놓는 것이었지요.

꽃나무,
우물가 꽃나무

영원한 봄날의 꽃나무
꿈속에서도 꽃을 피웠던 꽃나무
오로지 하나의 집 위에
향그런 열매를 달던 꽃나무

모진 바람 몰아친다
저 밖의 바람
모스러진 꽃나무 모가지를 꺾고
그 커단 바윗덩이 우물을 메운다

집을 비운다
모든 것이 일순간

솟구치고 솟구치는 검붉은 피
땅속 깊이 스며

옛 생각 껴안고

나지막하게 엎드려 울 때

저 밖의 바람

꽃나무의 비애 외면하고

화정을 떠난다

—양문규, 「화정花井을 떠나며」 전문

우물가의 꽃나무, 화정이 마음 아프게 나를 따라다니는 것이에요. 화정을 떠나왔는데 말이지요. "아빠 또 이사 가?" 소리를 듣지 않아도 되는 집이 화정에 있었는데, 얼마나 어렵게 장만한 집인데, 새집에 들었을 때 큰아이는 제 방이 생겼다고 이리 뛰고 저리 뛰며 좋아라 했는데, 어느 날 갑자기 할아버지 댁에 같이 살게 되었으니……. 아버지로서 가장으로서의 신세가 말이 아니었지요. 쓰던 살림살이를 줄이고 줄여 이사를 했지만, 책은 차마 버릴 수 없어 시골집 농막으로 옮겼습니다. 그날 이후 나는 농막에 기거하며 아버지 일을 도왔지요. 한집에 여섯 식구가 기거할 수는 있었지만 제가 공부하기 위해 쓸 수 있는 방이 없었으니까요. 낮에는 일하고 밤에는 공부하는 주경야독晝耕夜讀의 생활이 집 아닌 농막에서 시작된 것입니다.

농사가 시작되기 전 지난겨울 전정으로 잘린 포도나무 가지를 걷어내는 일부터 시작했답니다. 그러면서 화정을 잊기로, 우물가의 꽃나무를 영영 지우기로 했지요. 그때 쓴 시가 「화정花井을 떠나며」입니다. 그래, 난 화정을 떠난 거야, '꽃 우물'을 아주 영영 떠난 거야. 돌아갈 수 없는 화정을 마음으로부터 비우고 쓰게 된 시이지요. 일종의 귀거래사歸去來辭라고 할 수 있어요. '꽃나무', '우물', '우물가의 꽃나무'는 실제 지명의 유래에서 차용한 것이지만 서울을 떠나는 못난 사내의 아픈 심사를 상징적 언어 '화정'을 통해 드러내고자 했던 것입니다.

내 사랑하는 당신, 화정은 당신이 서 있는 천태산 자락만 못하지만요, 내게는 아주 소중한 삶터였답니다. 봄날 우물가의 꽃나무를 생각해보세요. 거기 다복한 삶을 이루는 작은 집이 나지막하게 하늘을 떠받들고 있고, 봄날이 다가도록 허공중에 꽃비가 작은 집을 아름답게 수놓는 광경을 생각해보세요. 우물가에서 꽃비를 맞으며 샘물을 길는 선남선녀를 그려보세요. 당신도 아마 눈시울을 적실지 모르겠습니다.

그런데 난 어디에 있는 건가요. 단란했던 식구들은 화정을 떠나 지금 어디에서 무엇을 하고 있나요. 이 시를 쓰면서 참 많이도 울었습니다. '화정을 떠나는' 사내의 심사가 어떠했겠어요. 모진 바람이 꽃나무의 모가지를 꺾고, 커다란 바윗덩이가 우물을 메우고, 향그런 열매는 영영 기약할 수 없는 참담함…….

무엇을 잊는다는 것은 참으로 아름다운 것이겠지요, 무엇을 버린다는 것은 진정 더 아름다운 것이겠지요. 새 출발을 하기 위해서는 소중한 무엇이라 할지라도 잊어야만 하는 것이겠지요. 행복한 꿈을 저버리는 어떤 것이라 할지라도 말입니다.

그러나 농막에서의 생활은 "옛 생각 껴안고/나지막하게 엎드려" 우는 날들의 연속이었답니다. 나 아닌 어떤 못난 사내가 "오로지 하나의 집 위에/향그런 열매를 달"기 위해 꽃나무에 물을 주는 모습이 자꾸 보이는 거예요. 여기가 화정은 아니지만, 또 하나의 새 보금자리를 가꾸기 위해 우물을 파고 그 옆에 꽃나무를 심는 꿈을 많이도 꾸며 살았지요. 힘들고 고달프지만, 꽃나무가 선사하는 꿈을 먹고 살기 위해, 봄날이 다 가도록 우물가에 꽃나무를 심었지요.

외딴 마을에 똬리를 틀고 꽃나무가 선사하는 꿈을 먹으며, 꿈속에서도 퍼붓는 꽃비를 맞으며, 향그런 열매를 기대하는 시인의 삶이 보이기는 보이는 것일까요. 화정은 아니지만 화정보다 더 아름다운 '화정'을 만들며 살기로 마음먹고 '화정'을 잊기로 하였던 것입니다. 그래서 당신을 만난 것이겠지요. 당신 곁에서 지나간 날들을 되돌아보니 절망과 좌절도, 분노와 고통도, 슬픔과 아픔도 다 아름답게 펼쳐지네요.

"영원한 봄날의 꽃나무/꿈속에서도 꽃을 퍼붓던 꽃나무"를 보러 누군가 이곳을 찾아오겠지요. 내 가난한 삶이 당신과 함께 무럭무럭 자라는 것을.

지상의 마지막 폭설 앞에

어젯밤부터 내린 눈이 엄청나게 쌓였습니다. 세상이 온통 눈으로 덮여 있습니다. 어디가 산이고 길인지, 무엇이 풀이고 나무인지 분간할 수 없을 정도로 많은 눈이 내렸습니다. 절간도 눈 속에 파묻혀 형체를 알아볼 수가 없습니다. 아직도 굵은 눈발은 가늘어지지 않고 계속 퍼부어대고 있습니다.

내 사랑하는 당신, 당신의 안부가 궁금해 무릎까지 푹푹 빠지는 눈길을 헤치며 당신 곁으로 걸어갑니다. 천년 세월의 무게보다도 더 무거운 눈을 지고 당신은 서 있습니다. 발 닫는 곳마다 내 사랑의 안부를 물어봅니다.

폭설에 갇혀 한겨울을 당신과 함께 오롯이 보내고 싶다는 생각을 해보았습니다. 당신은 너무 높고 깊어 내가 그 품 안으로 깊숙이 들지 못하고 이렇게 서성이는 것을 알기나 하는 것일까요.

가끔 이런 생각을 해봅니다. 당신은 너무나 크고 높고 해서 작고 하찮은 나의 존재가 당신 곁에 있는 것만으로도 누가 되고 해가 되는 것은 아닐까 전전긍긍할 때가 종종 있습니다. 그런 날이면 내가 한없이 더 작아지고 초라하게 보이는 것이지요. 당신과 함께한 세월이 얼마인데 아직도 나는 그런 자세에서 한 발자국도 벗어날 수가 없답니다.

당신은 내게 가까이 있으면서도 멀리 떨어져 있고, 내 앞에는 감당하기 어려운 폭설만이 존재하기 때문입니다. 그러나 당신은 어느 누구도 저버리는 일이 없지요. 저 폭설까지도 제 살붙이로 같이하잖아요. 팔다리가 잘려나가는 아픔이 있어도 끄떡하지 않잖아요. 못나고 보잘것없는 사람들의 좌절과 절망, 아픔까지도 감싸안고 서 있는 당신. 내가 당신 품으로 들지 못한다 해도 지난날들의 꿈밭을 거닐 수 있다는 것만으로도 내게는 기쁨이요 행복입니다.

시인은 꿈꾸는 사람입니다. 워즈워스의 말을 빌리지 않더라도 시인은 감정의 자발적 유로流露를 통해 꿈꾸고자 하는 어떠한 것을 언어로 옮기는 사람입니다. 즉, 시 창작이란 본질적으로 대상에 대한 자신의 견해나 태도를 언어로 구체화시키는 작업인 것이지요. 그런 면에서 나는 시인의 자질을 충분히 갖추지 못한 듯 보입니다. 마음의 풍경만 복잡할 뿐 그것을 구체적 비유나 상징을 통해 드러내지 못하고 있으니 말입니다. 귀향 이후 무엇보다도 시 쓰는 작업을 게을리하지 않으려고 안간힘을 다하지만 뜻한 바대로 이루지 못하고 있답니다. 오늘도 폭설 앞에서 그 마음에 일고 있는 풍경을 좇아가지 못하고 당신 곁에서 당신을 바라보는 마음만 적시고 있으니 말입니다.

산중의 모든 것들이 눈으로 뒤덮여 있습니다. 내 몸속도 하얀 눈으로 뒤덮여 있습니다. 눈 위에 내딛는 발자국마다 당신 이름을 새기며 사랑하는 당신과 함께하고 싶습니다. 지상의 마지막 폭설이 내리는 듯합니다. 그 폭설 앞에서 나는 마지막 사랑을 갈구하는 마음으로 당신 곁에 있습니다.

이내 어둠이 내리고, 방 안으로 들어 창문 밖 뒤뜰 대숲을 바라봅니다. 눈보라는 대숲을 눈 천지로 뒤바꾸어놓았습니

다. 대숲 너머 절집 처마에 매달린 쇠붕어도 눈꽃처럼 허공에 매달려 있습니다. 모든 물상들이 눈꽃 부처로 탈바꿈하여 있습니다. 눈 속에 파묻히면서도 대숲 소리는 더욱 청명하게 들립니다. 쇠붕어 소리는 신비롭기까지 합니다. 그 소리는 눈발을 타고 절집 처마 밑으로, 뒷방으로 내립니다. 아니, 저 허공의 눈발처럼 자유로이 날며 절 밖으로 멀리 떠내려가고 있는지도 모릅니다.

그 소리, 소리들을 들으며 방 한구석에 쪼그려 앉아 시를 생각합니다. 나도 저 눈발에 떠밀려 쇠붕어 소리와 같이 어디론가 멀리 떠나고 싶다는 생각을 해봅니다. 그러나 나는 어쩔 수 없이 폭설에 갇혀 이 겨울을 산방에서 지내야 하겠지요. 쇠붕어가 소리를 떠나보내고 자신은 허공에 매여 있는 것처럼 말입니다.

밤이 더욱 깊어가고 있습니다. 눈발이 그칠 기미는 없어 보입니다. 어젯밤부터 내린 눈은 만 하루가 되어서도 그치지 않고 계속 내리고 있습니다. 이처럼 많은 눈이 내리는 것을 내 생전에는 본 적이 없습니다. 나는 저 눈발을 감당할 힘이 부칩니다. 마음의 풍경이 눈발을 따라가지 못합니다. 그러니 어찌 시인이라 할 수 있겠습니까. 꿈꾸어도 노래하지 못하는 시인은 시인이 아니지요. 꿈꾸는 것들을 온전하게 언어의 옷으로 갈아입혔을 때만이 시인이라 할 수 있을 것입니다.

다시 창문 밖 대숲을 바라봅니다. 대숲 너머 처마에 매달린 쇠붕어가 눈발 속에 아스라이 보입니다. 폭설에 대하여, 대숲에 대하여, 쇠붕어에 대하여 상상적인 근원을 좇아 당신 곁으로 다시 걸어갑니다. 걸음을 떼어놓기가 여간 힘에 부치는 게 아닙니다. 그러나 당신만을 생각하며 한 발 한 발 발걸음을 옮깁니다. 눈발을 좇아, 감정의 유로를 좇아 당신 곁으로 갑니다.

새벽이 되어서야 복잡하게 일던 마음을 정리하여 시로 옮길 수 있었습니다.

지상의 마지막 폭설 앞에 매달려 있다

산중의 쇠붕어
정오의 햇살을 더듬는 듯
폭설의 언덕 너머

언 강물 속을 유영游泳해 간다

어둠 속으로,
금빛 지느러미 마른 물살을 가르며
산중의 폭설을 기억한다
마을 너머 먼 마을 저편
사랑이 움터왔음을 또한 기억한다

멀리 눈 덮인,
겨울이 다 저물도록 내밀한 울음
독경讀經 소리에 묻으며 살았으리

뒤뜰 대숲, 눈보라에 귀를 대고
청명淸明한 사랑
밤마다 꿈꾸며 살았으리

해가 바뀌고
다만 폭설 한가운데 들어가 앉아

오래전 꿈속에서 보았던
날개 없이 하늘을 날고 있는
나비, 나비부처들의 흰 너울을 껴안고

지상의 마지막 폭설 앞에 매달려 있다.

—양문규, 「지상의 마지막 폭설暴雪 앞에」 전문

폭설 속에 갇힌 내가 혹 허공에 매여 있는 저 쇠붕어가 아닐까, 여기까지 시상詩想에 다다르자 단숨에 써내려갈 수 있었습니다. 하지만 시를 써놓고도 시가 되는지 알 수가 없었습니다. 그래서 다시 당신 곁으로 가 시를 낭송해보았습니다. 맨 먼저 당신에게 들려주고 싶었던 것이지요.

참으로 오랜만에 쓴 시입니다. 겨울 들어서 첫 작품이 아닌가 싶습니다. 내가 처해 있는 환경이 저 쇠붕어와 같다는 생각을 해봅니다. 쇠붕어가 매여 있는 사슬을 끊고 절집 밖으로 나가고 싶겠구나, 언 강물 속을 봄날같이 자유로이 헤엄치고 싶겠구나, 내가 꿈꾸는 세계도 그러하지 않을까요.

쇠붕어는 여전히 절집 처마에 매달려 있습니다. 저 또한 여전히 절집에 머물고 있습니다. 그러나 그 머무름은 그냥 머무름이 아닙니다. 쇠붕어가 단순히 절집 처마에 매여 있는 것이 아닌 것처럼 저 또한 그렇습니다. 겨울이 저물도록 내밀한 울음을 독경 소리에 묻으며, 뒤뜰 대숲에 이는 눈보라에 귀를 대고 청명한 사랑을 꿈꾸는 까닭이 거기에 있는 것이겠지요.

내 사랑하는 당신, 당신은 오래전부터 제게 일러주었지요. 사랑하는 것은 더 내밀한 울음 속에 있다는 것을, 사랑을 얻고자 한다면, 또한 시를 얻고자 한다면 저 지상의 마지막 폭설 앞에 쇠붕어처럼 마음에서 더 큰 소리를 얻을 수 있어야 한다는 것을…….

시인을 찾아서

영동 황간 누룩바위에는 박운식 시인이 살고 있습니다. 당신을 만나 나의 삶이 아름답고 풍요로워진 것처럼 박운식 시인을 만난 것은 행운이 아닐 수 없습니다.

박운식 시인과의 만남은 오래전 문청 시절로 거슬러 올라갑니다. 1980년대 초반 '영동 문학의 밤'에서였지요. 그때 그를 처음 만났는데도 오랫동안 만나온 것처럼 낯설지 않았습니다. 당신을 처음 만났을 때와 같았지요. 넓은 품을 지닌 시인이었습니다. 그날 밤새도록 술을 마셨는데, 이십 대 초반의 철없는 문청이었던 나를 그는 다정다감하게 감싸안아주었지요. 내가 영국사 뒷방에 들어 당신의 넉넉한 품속에서 새 삶을 얻을 수 있었던 것처럼 말입니다.

박운식 시인은 농사꾼입니다. 농고를 졸업하고 제대 후 줄곧 누룩바위에서 농사를 지으며 살고 있지요. 이 땅의 농사꾼이 다 그러하듯이 박운식 시인 역시 순박하고 정이 많은 사람입니다. 가진 것은 없지만 늘 베풀며 사는, 천생 농사꾼이고 시인인 사람입니다.

우리는 사흘이 멀다 하고 만나게 되었는데, 주로 내가 찾아가는 편이었지요. 술이 고픈 시절이었으니까요. 누룩바위를 찾아가면 시인은 금방 해야 할 농사일이 코앞에 널려 있는데도 으레 하는 말이 "한잔해야지?"였습니다. 내가 "일이나 끝내야 하지, 형." 하면, "뭘, 낼 하면 되지." 하고, 황간으로 가서는 술을 마셨어요. 그때는 지금처럼 교통수단이 발달하지 않아 다리품을 팔아 걸어 나가야 했지요. 내가 누룩바위를 찾을 때도 마찬가지로 영동에서 시내버스로 황간까지 와서 거기서부터 걸어갔지요. 누룩바위를 찾아갈 때면 시인은 늘 동네 앞 들판에서 일을 하고 있었답니다. 농번기에는 그리 많이 만나지는 못했습니다. 나도 대학에 다니고 있을 때였으니까요.

박운식 시인을 만나고 그해 겨울이었던가요. 그때 우리 집은 영동 읍내에 있었는데, 하루는 박운식 시인이 전화를 했었지요. 읍내에 볼일이 있어 나왔는데 한잔하자는 것이었어요. 우리는 만나자마자 곧장 술집으로 달려갔지요. 칼판(정육점)으로 갔는데요, 활활 타오르는 화덕에 적쇠를 올리고 돼지고기를 구워 먹으며 소주잔을 비웠지요. 최고급 술안주에 마침 눈까지 와서 기쁘기 그지없었습니다. 칼판에서 나오니 길은 온통 눈밭이었습니다. 우리는 뭔가 아쉬워 노래를 부르며 눈길을 걸어 천변에 있는 포장마차로 2차를 갔지요. 그날 나는 문청에서 버젓한 시인이라도 된 것처럼 마냥 들떠 술을 마셨답니다. 어느덧 밤은 깊어가고, 시인은 막차를 포기하고 저희 집에서 일박을 하기로 했지요.

그날 우리는 어떻게 집으로 들었는지 알 수 없을 정도로 엄청 취해 있었어요. 나는 방으로 들자마자 곯아떨어졌는데, 눈을 떠보니 시인은 벌써 일어나 멋쩍게 앉아 있는 것이었습니다. 대낮부터 마신 술이 밤늦게까지 이어졌으니 우리의 행색은 말이 아니었지요. 그런 모습을 본 어머니가 나를 부엌으로 부르시더니, "넌 집에 데리고 오는 사람들이 어쩌면 한

결같누…….” 하시며 혀를 끌끌 차시는 것이었습니다.

한국 현대시사에서 농촌의 궁핍한 생활상을 형상화한 시집을 찾기는 그리 어려운 일이 아닙니다. 1930년대 이용악의 『낡은 집』에서부터 1970년대 신경림의 『농무』, 1980년대 김용택의 『섬진강』, 고재종의 『바람 부는 솔숲에 사랑은 머물고』, 그리고 1990년대 안용산의 『메나리 아리랑』, 이중기의 『밥상 위의 안부』에 이르기까지 많은 시인들이 농촌 사회의 고달픈 삶의 현장을 다양한 목소리로 담아 시집을 상재한 바 있습니다. 박운식 시인 역시 1980년대 말 시집 『모두 모두 즐거워서 술도 먹고 떡도 먹고』(실천문학사, 1989)를 선보인 적이 있습니다.

밭둑가 돌무더기에 돌을 몇 개 집어던진다
돌과 돌이 부딪는 소리가
풀꽃이 되어 밭둑가에도 피어나고
먼 산 진달래꽃으로도 피어난다
어머니가 던진 돌과 할머니가 던진 돌과
아버지의 할아버지가 던진 돌과

또 내가 던진 돌과 또 누가 던진 돌이
밭둑가 한 무더기로 모여서
무슨 말들을 하며 무슨 꿈들을 꾸는 것일까
굳어진 땀방울의 돌을 바라보며
아직도 주먹 같은 돌들이 밭이랑 밑에 숨어서
누구의 땀방울이 되어 기다리는 것일까
돌과 돌이 부딪는 소리가
아픔인 것 같기도 하고 기쁨인 것 같기도 하고
뻐꾹새 울음이 되어 들리기도 하고
소쩍새 울음이 되어 들리기도 한다

—박운식, 「돌을 던지며」 전문

박운식 시인의 두 번째 시집 『모두 모두 즐거워서 술도 먹고 떡도 먹고』에서 내가 좋아하는 시 중의 하나입니다. 이 시를 읽으면 시인의 삶이 아프게 다가옵니다. 그러면서도 시인의 노동은 참 아름다운 것이구나 하는 생각이 듭니다.

이 시의 행간을 따라가면 시의 화자는 대물림의 농사꾼으로 밭에서 돌을 골라내고 있습니다. 돌 고르기는 아버지, 그

아버지의 아버지 대부터 내려온 관습적인 노동이지요. 이런 노동은 비옥한 땅을 만들기 위한 농사꾼의 피나는 노력으로 이해됩니다. 돌을 골라냄으로써 땅은 밭으로서의 기능을 다 하는 것일 테니까요. 돌이 없는 비옥한 땅이라야만 씨앗들이 뿌리를 내리고 새싹을 틔워 잘 자라지 않겠어요.

분명 돌은 밭에서 무용지물에 불과합니다. 돌 자체가 농사에 어떤 소득을 안겨주는 것은 아니므로 밭에서 돌을 골라내어 밭둑가에 던지는 행위는 무가치한 노동에 지나지 않을 것입니다. 그런데 박운식 시인으로 추정되는 시적 화자는 돌을 골라내어 밭둑가로 던지는 행위 자체를 노동의 신성한 가치로 인정하고 있습니다. 돌과 돌이 부딪쳐 나는 소리가 풀꽃이 되기도 하고, 진달래꽃으로 피어나기도 하며, 뻐꾹새 소쩍새 울음이 되어 들리기도 하기 때문입니다. 이 시에서 돌은 "아직도 주먹 같은 돌들이 밭이랑 밑에서 숨어서/누구의 땀방울이 되어 기다리"는 노동 가치의 산물로 그려지고 있으니까요. 즉, 돌과 돌들이 밭둑가에 돌무더기를 이루며 부딪치는 소리가 날 때만이 농사는 대대로 전업되는 것이며, 또한 온전한 농사로 남을 것임을 시인은 일찍이 몸으로 알고

있는 것이지요.

어떤가요, 이쯤이면 박운식 시인이 어떤 사람인지 알 수 있겠지요. 내가 박운식 시인을 사랑하는 연유가 여기에 있습니다. 박운식 시인을 생각하면 가슴이 저리고 아픕니다. 그러나 그 마음자리에는 무엇과도 바꿀 수 없는 아름답고 소중한 것이 꽉 들어차 있습니다.

월유봉 계곡으로 든다
강가를 따라 한나절도 더 걸었으므로
디딘 발자국마다
늦가을 바람이 저녁을 몰고 온다
등이 시리다
누룩바위로 가는
구름 속에 박을 옮겨 심고 있다는
시인을 찾아서,
내가 처음 이곳에 들렀을 때
물안개 속에서
한 아이가 걸어나오고 있었다

오랜 세월이 지났다
어린것은 자라 어른이 되었다
지붕 위에는 박이 보이지 않는다
이상한 징후의,
흑백사진 속의 늪처럼
물결 아득한
달빛만 계곡을 타고 흐른다
어둠이 얼마나 지났을까
들녘의 허수아비가
달빛을 들쳐입고 꿈결 속으로 간다
버릴 수 없는 희망들이
물 위를 둥둥 떠다닌다

—양문규, 「시인을 찾아서」 전문

박운식 시인을 찾아가며 쓴 시입니다. 이미 난 「누룩바위 박운식」이란 시를 첫 시집에 수록한 바 있습니다. 이것으로 박운식 시인을 그리는 두 편의 시를 가지게 된 것이지요.

박운식 시인의 집으로 가는 길목에 월유봉이 있습니다. 참으로 아름다운 곳이지요. 박운식 시인과 강가를 걸으며 기암괴석을 바라보던 기억이 눈앞에 선합니다. 신경림, 민영, 김남주, 최두석, 김완하 시인들도 찾았고, 한겨레 최재봉 기자와 판화가 남궁산도 찾았던 곳이지요. 박운식 시인이 있어 행복했던 곳입니다.

그러나 지금은 적막하기 짝이 없습니다. 예전에는 구름 속에 박꽃을 피우던 참으로 아름다운 곳이었는데요. 당신이 계신 천태산 영국동도 마찬가지이지요. 마을이 텅 비었으니까요. 누룩바위에서 농사짓는 사람 가운데 박운식 시인이 가장 젊은 층에 속한다니……. 월유봉을 지나 누룩바위로 가는 길은 흑백사진 속의 늪처럼 검은 물결만이 아득합니다.

그래도 나는 시인을 찾아서 갑니다. 박운식 시인은 어쩌면 우리들의 삶을 영속시키는 사랑인지도 모르겠습니다. 당신의 넓은 품처럼 말입니다. 농사로 시를 짓는, 농사가 천직인 박운식 시인은 내 마음속의 영원한 등불입니다. 구름 속에 핀 박꽃처럼 환한.

다시, 사랑을 위하여

산사에서 맞는 겨울밤이 참으로 아름답습니다. 밤이 얼마나 깊었는지 사위는 고요하게 세상이 깊어만 갑니다. 세상의 모든 번잡함을 잠시 잊고 당신 앞에 서 있습니다. 당신은 아무 말없이 서 있는 것 같지만 어둠 속에서도 맑은 낯빛으로 저를 반가이 맞아줍니다. 나도 당신처럼 무수한 눈꽃을 달고 세상을 환히 밝히고 싶습니다.

이 밤에도 눈이 함빡 내렸으면 싶습니다. 며칠 전 폭설처럼, 폭설 속에 갇혀 당신과 함께 지냈던 그날처럼, 오늘 밤에도 그런 눈이 내렸으면 합니다. 그날 나는 세상이 그토록 아름답고 신비로운 것인지 새삼 느꼈습니다. 이른 아침 흰 눈으로 뒤덮인 당신 곁을 거닐며 내가 마치 당신이 된 것처럼 마냥 들떠 있기도 하였습니다.

비탈진 산자락에서 설해목들이 목숨을 접는 소리가 골짜기를 가득 메우고 있었습니다. 뚜욱 뚝, 찍, 폭설의 무게에 못 이겨 팔다리가 찢겨나가는 소리였습니다. 나무에게는 아픔이었겠지만 내게는 그 소리가 신비롭게 느껴졌습니다. 당신도 천년의 삶을 살아오면서 저보다 더한 아픔을 수없이 겪어왔겠지요. 그러나 당신은 그것조차도 세상을 사랑하는 삶의 한 양식이라 여기며 오늘에 이르렀음을 나는 잘 알고 있습니다.

당신과 나의 만남은 아마도 30여 년 전으로 거슬러 올라가야 할 것 같습니다. 초등학교 5학년 가을 소풍 때로 기억합니다. 그때 제가 뭘 알았겠어요. 노란 단풍이 든 아름드리 당신을 쳐다보며, 세상에 저렇게 큰 나무가 있을까, 그렇게만 생각했지요. 이후 당신은 내게 가까이 있었지만 자주 찾지는 못하였지요. 아니, 어쩌면 까마득히 잊고 살아왔는지도 모르겠습니다.

다시 당신 곁에 서 있습니다. 칠흑의 어둠 속에서 당신을 바라봅니다. 눈 덮인 산중의 절, 그리고 은행나무, 모두가 시꺼먼 어둠 속에서 새하얗게 빛나고 있습니다. 길들은 멀리까지 서로의 몸을 잇대어 마을에 닿고 있겠지요. 마치 대낮처럼 모든 사물이 한눈에 들어옵니다. 내일도 어김없이 밝은 해가 온누리를 비출 것이고, 나는 당신과 함께 이른 아침 해맞이를 하고 싶습니다.

당신에게 오기 전에 『황동규 시전집』을 읽었답니다. 황동규 시인의 시 세계 속에 깊이 빠져보았지요. 언어와 언어, 행간과 행간 사이에서 한동안 눈을 떼지 못하였습니다. 그것은 즐거움이었으며 또한 경이로움이었습니다. 훌륭한 시는 비유로 잘 짜인 언어 이전의 언어이겠지요. 황동규의 시가 그런 것 같습니다. 사랑, 이별, 죽음, 사회적 · 정치적 상황, 어느 소재를 선택했든 시적 진실성을 획득하고 있습니다. 마음 속의 언어가 풍경과 만나면서 시로 태어나는 것을 알 수 있습니다. 특히 시적 화자가 닿는 발길에서 그의 시는 따스함을 잃지 않고 있지요.

황동규 시인은 여행을 아주 즐기는 듯합니다. 어느 시인인들 여행을 즐기지 않겠습니까. 시인의 삶은 여행이 전부인 것처럼 보이기도 할 때가 많으니까요. 바쁜 일정 속에서도 일탈을 꿈꾸는 삶, 그것은 편협한 세계가 아닌 따스한 눈길 같은 것이겠지요. 여행 속에서 시를 쓰고, 삶을 반추하는 자세가 매우 인상적입니다. 자잘한 삶의 세목에서 얻어지는 따스함이 시 속에 깊이 자리잡고 있기 때문입니다. 사람과 사람의 관계도 그런 것 같습니다. 김현을 비롯한 많은 문우와 시인들을 노래하고 있는 것이 또한 그렇습니다.

1

내 그대를 생각함은 항상 그대가 앉아 있는 배경에서 해가 지고 바람이 부는 일처럼 사소한 일일 것이나 언제나 그대가 한없이 괴로움 속을 헤매일 때에 오랫동안 전해오던 그 사소함으로 그대를 불러보리라.

2

진실로 진실로 내가 그대를 사랑하는 까닭은 내 나의 사랑을 한없이 잇닿은 그 기다림으로 바꾸어버린 데 있었다. 밤이 들면서 골짜기엔 눈이 퍼붓기 시작했다. 내 사랑도 어디쯤에선 반드시 그칠 것을 믿는다. 다만 그때 내 기다림의 자세를 생각하는 것뿐이다. 그동안에 눈이 그치고 꽃이 피어나고 낙엽이 떨어지고 또 눈이 퍼붓고 할 것을 믿는다.

—황동규, 「즐거운 편지」 전문

「즐거운 편지」는 그가 젊은 날에 쓴 시 가운데 한 편입니다. 독자들에게 가장 친근감을 주는 시이며, 많은 독자들에게 애송되는 시이기도 하지요. "진실로 진실로 내가 그대를 사랑하는 까닭은 내 나의 사랑을 한없이 잇닿은 그 기다림으로 바꾸어버린 데 있었다."고 시인은 토로합니다. 시인은 밤이 들면서 골짜기에 눈이 퍼붓는 풍경을 보면서 사랑도 어디쯤에선 그칠 것이라 믿고 있습니다. 그러나 그것은 다만 기다림의 자세를 생각하는 것뿐이라고 치부합니다. "눈이 그치고 꽃이 피고 낙엽이 떨어지고 또 눈이 퍼붓고 할 것을 믿"으며 그의 사랑을 확인하는 것이겠지요. 사랑하는 것은 "해가 지고 바람이 부는 일처럼 사소한 일"일 수도 있겠으나 그 사소함으로 사랑을 일깨우는 것은 참으로 큰마음이라 할 수 있을 것입니다.

사랑은 크고 높은 것만은 아닐 것입니다. 내가 당신을 사랑하는 마음도 그러하리라 믿습니다. 작고 사소한 것으로부터 시작하여 마음 끝까지 사랑하는 큰 사랑이 삶 속에 있었으면 합니다. 때로는 가슴을 아프고 쓰리게 하는 고통이 마음 한구석을 차지하고, 그것으로 견디기 어려운 슬픔도 있겠지요. 어찌 그것뿐이겠습니까. 사랑하고 미워하는 것으로부터 괴로움의 마음을 둘 곳을 찾아 먼 여행을 다녀오기도 하겠지요. 지난날은 그것으로부터 자유롭지 못한 때가 더 많았던 것 같습니다.

오늘 밤, 당신 곁에서 잠들고 싶습니다. 다시 사랑을 위하여 당신 곁으로 돌아가고 싶습니다. 당신이 세상을 향해 사랑하는 마음을 뼛속까지 배우고 싶은 밤입니다.

풍요로운 숲

연 사흘 쏟아붓던 늦은 장맛비가 개면서 천태산 골짜기는 맑은 소리로 가득합니다. 계곡의 물줄기는 주변 경관과 어우러져 푸르디푸릅니다. 장맛비가 내리는 동안 제 목소리를 나뭇가지에 매달고 옴짝달싹않던 매미는 언제 그랬냐는 듯 이 나무 저 나무를 옮겨 다니며 목청껏 우는데요, 그 소리가 하늘에 닿는 듯 뭉게구름 하나 없는 하늘은 청청합니다.

밤새 매달리던 박사 논문 작업을 잠시 접어두고 은행나무 곁으로 갑니다. 짧은 공부로 지칠 대로 지친 몸과 마음을 잠시 놓아두는 의미도 크지만 은행나무 안부가 무엇보다 궁금했기 때문입니다. 지난겨울 잦은 폭설로 몇 개의 잔가지를 내준 것처럼 이번 장마에도 잔가지를 비롯해 은행잎과 은행알을 몸 밖으로 내주었네요. 마치 장맛비에 대한 예의로 지닌 게 너무 많으니 비움으로 보다 충만한 삶을 이루려는 베풂과 나눔의 실체를 보는 듯합니다.

천태산 자락을 기웃기웃 빈둥거리며 한나절을 보냈습니다. 용추폭포를 지나 천태산 주차장의 댕기머리집에 들러 밥과 커피를 얻어먹었지요. 아랫마을 누교리 사람들은 삶의 방식은 다르지만 천태산을 닮아 순박하기 그지없습니다. 무료할 때마다 자주 들르는 곳 중 하나인데요, 모두가 형제간처럼 따뜻하게 대해주니 집을 떠나 있어도 외로움과 쓸쓸함을 잊을 때가 많습니다.

돌아오는 길에 진주폭포를 지나 망탑봉에 올랐습니다. 망탑봉에서 내려다보는 아랫마을 정경은 더할 나위 없이 아름답습니다. 영동의 지형이 모두 그러하듯이 산과 내를 끼고 마을이 형성되어 있기 때문입니다. 산과 산 사이 개울이 있고, 그 개울을 벗 삼아 논밭을 일궈 생계를 이어가지요. 작은 논밭이지만 뙤약볕에 잘 익어가는 알곡들은 풍요로운 삶을 선사합니다.

내 사랑 당신, 당신은 크고 높지만 누대에 걸쳐 가장 낮은 자세로 가난하고 소외된 이웃들과 함께하며 꿈과 희망을 노래해왔지요. 우리 시단에도 그런 분이 계십니다. 바로 신경림 시인입니다. 좌절과 절망 속에 고통으로 신음하는 삶을 위해 큰 그늘을 내려주듯 신경림 시인 역시 당신의 삶처럼 "시도 한 그루 나무 같다는 생각"을 하고 계십니다. 신경림 시인은 "오늘의 시가 너무 크고 높은 것만 좇고 있는 것이 아닌가, 그래서 자잘한 삶의 결, 삶의 얼룩은 다 놓치고 있는 것이 아닌가" 반문하면서 "시의 값은 오히려 본질적으로 작고 하찮은 것, 못나고 힘없는 것, 보잘것없는 것들을 돌보고 감싸안고, 거기에 그치지 않고 스스로 낮고 외로운 자리에 함께 서고, 나아가서 그것들 속의 하나가 되는 데 있는 것이 아닐까. 또 그것이 시의 참길이 아닐까. 그렇다면 시는 잘나고 우쭐대고 설치는 사람들의 몫이 아니라 못나고 겸허하고 착한 사람들의 몫일는지도 모를 일이다."(신경림, 『길』, 「후기」 창작과비평사, 1990)라고 하셨지요. 신경림 시는 당신의 삶처럼 가만히 그 자리에 서 있어도 풍요로워 보입니다.

당신에게 한 시인의 시세계를 들려준다는 게 어쩌면 어리

석고 우둔한 소치로 보일지 모르겠습니다. 당신은 역사 속에서 천여 년 동안 이 땅의 민중들의 삶을 온몸으로 지켜봐왔기 때문이지요. 우리 시대 신경림 시인 또한 그런 길을 걷고 있다고 말하면 과할까요.

신경림 시인은 1956년 『문학예술』에 「갈대」 등을 발표하며 등단하였습니다. 하지만 등단 이후 10년 가까이 시적 공백기를 갖는 시인은 고향으로 내려가 여기저기를 떠돌며 민중적 체험을 쌓게 되는데요, 그가 만났던 사람들은 대부분 한결같이 못나고 보잘것없는 삶을 살아내는 농촌의 가난한 사람들이었습니다. 1965년 그가 보고 듣고 만난 사람들의 이야기를 시로 발표하게 되는데, 바로 시작 활동의 재개를 표명한 「겨울밤」이 그것입니다.

우리는 협동조합 방앗간 뒷방에 모여
묵내기 화투를 치고
내일은 장날. 장꾼들은 왁자지껄
주막집 뜰에서 눈을 턴다.
들과 산은 온통 새하얗구나. 눈은

펑펑 쏟아지는데
쌀값 비료값 얘기가 나오고
선생이 된 면장 딸 얘기가 나오고.
서울로 식모살이 간 분이는
아기를 뱄다더라. 어떡할거나.
술에라도 취해볼거나. 술집 색시
싸구려 분 냄새라도 맡아볼거나.
우리의 슬픔을 아는 것은 우리뿐.
올해에는 닭이라도 쳐볼거나.
겨울밤은 길어 묵을 먹고.
술을 마시고 물세 시비를 하고
색시 젓갈 장단에 유행가를 부르고
이발소집 신랑을 다루러
보리밭을 질러 가면 세상은 온통
하얗구나. 눈이여 쌓여
지붕을 덮어다오 우리를 파묻어다오.
오종대 뒤에 치마를 둘러쓰고
숨은 저 계집애들한테

연애편지라도 띄워볼거나. 우리의
괴로움을 아는 것은 우리뿐.
올해에는 돼지라도 먹여볼거나.

—신경림, 「겨울밤」 전문

신경림 시인은 등단작 「갈대」 등에서 보여주었던 관념적인 시세계를 이때 말끔히 청산하고, 농촌 소재의 시를 쓰게 되는데요, 그것은 추상적 전원의 아름다움이라기보다 소외된 농민들의 애환을 사실적으로 노래하는 데 있습니다. 시적 화자가 일인칭 복수 '우리'로 제시되는데, 이는 시인의 개별적 정서가 아닌 공동체의 집단적 정서를 보여줍니다. "우리의 슬픔을 아는 것은 우리뿐"이라는 자조적인 진술 행위는 부조리한 현실을 타개하려는 시인의 결연한 의지인 역설적 표명이라 할 수 있겠지요.

이 시에 등장하는 인물들은 1960년대 중반 소외 계층의 정서를 대변하는 전형적인 인간 군상입니다. '장꾼, 분이, 술집 색시' 등은 피폐한 농촌의 사회현실을 대변하는 인물들인데, 평이한 일상적 어법에 의한 행위 표현 그 자체가 공동체의식을 형상화한 것이라 봅니다. 특히 공동체의식의 교감을 이루는 '협동조합, 방앗간, 뒷방, 장날, 이발소' 등은 공동체 사회의 소통을 이루는 공간적 의미를 갖습니다. 그리고 '묵, 막걸리, 술' 등의 식문화는 민중생활의 단면을 엿보는 단서이기도 하지요. 그의 대부분 시편은 민중의식을 내장하고 있는데, 이를 두고 백낙청 평론가는 "민중의 사랑을 받을 수 있고 받아 마땅한 문학"이라 평가하였지요. 이는 근본적으로 민중생활을 사랑하는 당신을 크게 닮아 있습니다.

당신을 온전히 마음에 품고 살아온 것처럼 신경림 시인 역시 영원한 스승으로 자리한 지 오래입니다. 시인과의 인연은 1982년 충북문학인대회에 참가하여 백여 명의 충북 출신 문인들과 함께 충주댐 수몰지구 등을 답사할 때였는데요, 영동 출신의 구석봉 시인도 그때 만나게 되었지요. 우리 일행은 충주와 단양 등을 돌아본 후 저녁 식사를 겸한 여흥을 즐겼습니다. 다들 고상한 노래를 부르는 자리에서 신경림 시인은 주먹을 불끈 쥐고 「늙은 군인의 노래」를 힘차게 부르는 거였어요. 선생님과 함께 내려온 김동현 시인 역시 「농민가」를 불렀지요. 전두환 군사독재의 시절 반독재투쟁 민중가요를 듣는 것만으로 신선한 충격이 아닐 수 없었습니다. 그 시절 충북지역의 대부분 문인들은 시대 현실과는 거리가 있는 순수 서정을 노래할 때였지요.

대학을 졸업하고 1년여 동안 서울에서 잡지사 등을 전전하다 낙향, 영동문화원에서 적을 두고 있을 때 신경림 시인을 다시 만나게 되었습니다. 1988년 구석봉 시인이 지병으로 작고하여, 영동문화원 앞 노제 때 읽을 조시를 쓰고 있는 늦은 밤에 한 통의 전화가 걸려왔지요. 신경림 시인이었습니다. 다음날 구석봉 시인의 장례를 마치고 황간, 상촌 등을 함께 다니게 되었는데, 대학 시절부터 민요며 민속 등 옛 선인의 삶을 궁구하는 것이 동기가 되었지요. 그해 신경림 시인의 민요기행을 따라 부여, 한산, 입포 등 금강과 가까운 지역을 사흘 동안 함께하는 행운을 얻기도 하였습니다.

> 못난 놈들은 서로 얼굴만 봐도 흥겹다
> 이발소 앞에 서서 참외를 깎고
> 목로에 앉아 막걸리를 들이켜면
> 모두들 한결같이 친구 같은 얼굴들

호남의 가뭄 얘기 조합빚 얘기
약장수 기타 소리에 발장단을 치다 보면
왜 이렇게 자꾸만 서울이 그리워지나
어디를 들어가 섰다라도 벌일까
주머니를 털어 색싯집에라도 갈까
학교 마당에들 모여 소주에 오징어를 찢다
어느새 긴 여름해도 저물어
고무신 한 켤레 또는 조기 한 마리 들고
달이 환한 마찻길을 절뚝이는 파장

—신경림, 「파장罷場」 전문

이 시는 서정과 서사, 서경의 조화를 이룬 신경림 시인의 초기 시편 가운데 「농무」와 더불어 가장 빼어난 찬사를 받습니다. 소외 계층의 삶의 세목들을 구체적으로 묘파해내고, 공동체 의식을 시의 행간 속에 설득력 있게 그리고 있기 때문입니다. "우리"는 "못난 놈들"과 함께하면서 시골 장터의 풍물을 객관적으로 묘사하는데, 그것은 "못난 놈들"에 대한 정서의 결속력을 통해 아름다운 우리 삶의 덕목인 공동체의식을 드러내는 데 있지요.

산업화가 가속화되면서 우리 사회는 자본이 현실사회를 지배하게 됩니다. 이로써 물질만능만을 최고의 가치로 인정하고 있지요. 따라서 전통적 삶의 덕목인 공동체의식은 자연히 해체되고 그 자리에는 일회적이고 소비적인 문화가 들어섭니다. 신경림 시인은 이때 고통에 시달리면서도 희망을 잃지 않고 살아가려는 민중들의 모습을 공동체의식을 통해 풍요롭게 그리고 있습니다. 시골 장터의 단순 풍물 묘사나 넋두리 차원의 상황 묘사가 아닌 삶의 구체적 실상을 공동체의식을 통해 표명하기 때문입니다. “어느새 긴 여름해도 저물어/고무신 한 켤레 또는 조기 한 마리 들고/달이 환한 마찻길을 절뚝이는 파장”에서 알 수 있듯이 쓸쓸하고 적막함 속에서도 따뜻한 정감이 선명하게 흐르는 것은 바로 여기에 기인합니다.

이처럼 그의 전체 시편들은 민중의 고달픈 살림살이에 대한 구체적인 정황을 집약적으로 드러내는 데 주목합니다. 민중의 삶에 뿌리내린 토속적이고 민족적인 언어의 질감을 통해 공동체의식을 보다 심화시키는 것이지요. 현대시의 특질로 여겨지는 다의성이나 모호성을 철저하게 배제하고, 그 속에 집단적 정서를 통한 살림살이의 아름다운 덕목을 풍요롭게 회복시키고자 합니다.

내 사랑 당신, 당신과 함께한 세월도 어느덧 만 2년이 되어갑니다. 당신과 함께하기 전 신경림 시인과 지낸 세월 역시 짧지 않은데요, "못난 놈들은 서로 얼굴만 봐도 흥"겨운 것처럼 1989년 신경림 시인의 부름을 받고 다시 서울 생활을 하게 되었지요. 그 무렵 신경림 시인은 사무총장직을 맡아 민예총을 총괄할 때였습니다. 못나고 보잘것없는 하찮은 일개 문청을 신경림 시인은 자식처럼 돌봐주면서 세상 사는 이치가 결코 높은 데에만 있는 게 아니다라는 것을 가르쳐준 참 스승입니다.

"세상이 시끄러울수록/높은 목소리만이 들리고/사방이 어두울수록/큰 몸짓만이 보"(신경림, 「지리산 노고단 아래」)인다고 신경림 시인은 자주 말씀하셨습니다. 그럴 때일수록 시인은 보다 몸을 낮추고 낮은 목소리 작은 몸짓으로 분노를 삭이고 사는 게 어렵겠지만, 참으로 아름다운 세상이란 바로 낮은 곳에서 묵묵히 자신의 일을 충실하게 하는 사람이라는 것도 일러주었지요. 여기서 아름다운 일이란 공동체의식을 통한 민중현실을 제대로 살아가는 혜안을 가져야 한다는 것으로 이해했습니다. 높은 산에서 세상을 굽어 내려다보는 것보다는 산 아래로 내려와 저잣거리에서 사람들과 부대끼면서 살아가는 삶이야말로 큰 아름다움이라는 것도 알게 되었지요. 산 위에서 보면 세상 곳곳 멀리까지 보이지만 자잘한 삶의 결을 놓치기 쉬우니, 저잣거리 속에서 이웃들과 처지를 함께하는 것이 "아무래도 산 위에서 보는 것만 같지 않"겠지요. 신경림 시인을 통해 풍요로운 삶의 자세, 시인의 길을 배우는 것만으로도 얼마나 즐겁고 행복했는지 모릅니다. 뿐만 아니라 "중앙시장 바닥에서 다 늙은 함경도 아주머니들과/노령노래 안주해서 소주도 마시고/피난민 신세타령도 듣"(신경림, 「장자莊子를 빌려」)는 기회도 여러 번 가졌으니까요.

내 사랑 당신, 『백석 시의 창작방법 연구』를 쓰면서 신경림 시인 역시 당신처럼 풍요로운 언어의 숲을 이루고 있구나, 새삼 깨닫습니다. 시대는 달라도 삶의 방식은 같으니까요. 사실을 사실적으로 드러내기 위해 당신이 존재하는 것처럼, 시인 역시 그대로의 삶을 살아야 한다는 것을 시인은 일찍이 알고 있었나 봅니다.

사람들은 자기들이 길을 만든 줄 알지만
길은 순순히 사람들의 뜻을 좇지는 않는다
사람을 끌고 가다가 문득
벼랑 앞에 세워 낭패시키는가 하면
큰물에 우정 제 허리를 동강내어
사람이 부득이 저를 버리게 만들기도 한다
사람들은 이것이 다 사람이 만든 길이
거꾸로 사람들한테 세상 사는
슬기를 가르치는 거라고 말한다
길이 사람을 밖으로 불러내어
온갖 곳 온갖 사람살이를 구경시키는 것도
세상 사는 이치를 가르치기 위해서라고 말한다
그래서 길의 뜻이 거기 있는 줄로만 알지
길이 사람을 밖에서 안으로 끌고 들어가
스스로를 깊이 들여다보게 한다는 것은 모른다
길이 밖으로가 아니라 안으로 나 있다는 것을

아는 사람에게만 길은 고분고분해서
꽃으로 제 몸을 수놓아 향기를 더하기도 하고
그늘을 드리워 사람들이 땀을 식히게도 한다
그것을 알고 나서야 사람들은 비로소
자기들이 길을 만들었다고 말하지 않는다

—신경림, 「길」 전문

당신의 노오란 단풍을 보기까지 당신은 아직도 몇 번의 비바람과 폭풍을 온몸으로 껴안고 갈 것입니다. 시의 길도 마찬가지라 여겨지는데요, 거기까지 가는 길이 멀고도 험한 것을 알기에 오늘도 스스로 당신 곁을 찾았습니다. 그리고 신경림 시인을 가만히 불러보는 것이지요.

「길」은 두 가지 의미를 함축적으로 보여주고 있습니다. 하나는 '밖으로 나 있는 길'이고 또 하나는 '안으로 나 있는 길'입니다. 사람들이 살아가는 양식이 여기에 있음을 신경림 시인은 '길'을 통해서 제시하고 있습니다. 그것은 '길을 만들고 운용할 수 있다'는 외적 인식과 '길을 만들지 않고 길을 따라 흘러가는' 내적 인식의 양면성이지요. 따라서 길은 "사람을 밖으로 불러내어/온갖 곳 온갖 사람살이를 구경시키"는 것이기도 하지만, 거꾸로 "사람을 밖에서 안으로 끌고 들어가/스스로를 깊이 들여다보게"도 하지요. 그러나 이 두 '길'은 겉으로는 서로 다른 방향을 향하고 있는 것처럼 보이지만 실질적으로는 동일한 하나의 '길'입니다. 단지 그것을 보는 사람들의 안목이 어디에 있는가에 따라 다를 뿐이지요.

신경림 시인은 '길'을 통해서 자신의 내면을 성찰하는 계기로 삼았던 것 같습니다. 이것은 민중적 삶의 실상을 인위적인 안목으로 바라보지 않겠다는 선언적 의미를 담는 것으로 이해됩니다. '안으로 나 있는' 길을 통해서 "스스로를 깊이" 있는 민중적 삶의 실체를 인식하고, 나아가 풍요로운 공동체 의식의 시적 형상화를 꾀하고자 하는 일일 것입니다.

내 사랑 당신, 당신이 좌절과 절망 속에 고통으로 신음하는 사람들에게 큰 그늘을 통해 삶의 위안을 주듯 신경림 시인 역시 당신의 삶처럼 "시도 한 그루 나무 같다"는 시론 속에 풍요로운 언어의 숲을 이루었습니다. 거기에는 소외되고 가난한 이웃이 있었겠지요. 그리고 그들이 길동무가 되어주고 말동무가 되어주었겠지요.

자연 속의 당신과 시 속의 신경림 시인을 평생 가슴에 두고 살겠습니다. 그 가운데 비가 오면 비가 오는 대로 길을 걸을 것이며, 눈이 오면 눈이 오는 대로 또한 길을 가겠습니다. 아직 버릴 것이 많아 몸은 가볍지 않지만 버리지 못해 가진 것으로 괴로워하지 않겠습니다.

서울의 삶이 신경림 시인으로 하여 즐겁고 행복했듯이 영국사 뒷방지기의 삶이 당신으로 하여 큰 공부와 깨달음으로 하루하루 더해가길 소망합니다. 저 울울창창 매미 울음도 계곡의 물소리가 깊어질 무렵 제자리로 돌아가겠지요. 그때 당신은 가장 풍요로운 모습으로 생의 환희를 노래할 것이고, 또 다른 풍요로운 숲을 가꾸기 위해 묵상의 시간을 가질 것입니다.

천태산 물소리가 하늘을 닮아 파랗기만 합니다.

행복한 당신

인간은 사회생활을 원활하게 꾸려나가기 위해 여러 형태의 재화를 필요로 합니다. 이를 실현하는 한 양상으로 노동이 수반되는 것이고요. 노동은 직간접으로 생활에 필요한 물자나 용역을 만들어내는 행위이지요. 카를 마르크스는 자본주의의 양상으로 '이윤 획득을 목적으로 상품 생산이 이루어진다는 점, 노동력이 상품화된다는 점, 생산이 무계획적으로 이루어진다는 점' 등을 들었습니다. 즉, 이윤 획득을 위해서 노동이 상품화된다는 것은 자본주의에 대한 긍정적인 평가라기보다는 부정적인 면을 단적으로 드러내주는 것이라 하겠지요. 바로 자본의 배후에는 불확실성을 증명하는 노동이 비인간적인 삶의 행태로 도구화되고 있음을 보여줍니다.

오늘 오후 늦게 고형렬 시인으로부터 전화를 받았습니다. 계간 『시평』에 이기와의 시 「경주마」에 대한 시평을 부탁받았지요.

난 몸 위를 오기의 발굽 차고 달리는 말
비명의 갈기 휘날리며
눈감고도 밤의 트랙을 완주하는 사창의 말
어제와 같은 저속한 결승점을 향해 달린 끝에
사타구니에는 피, 고름, 진땀
빨래처럼 비벼 빨려 그만 찢겨진 음순
경기장 국기처럼 펄럭이다 말다

마지막 바퀴의 종소리가 나기까지
종횡무진 수치심과 반성 없이 달려야 하는데
오늘은 은은한 바람 한 점 없고
기별 없이 먼 산에 단풍도 후다닥 져
통, 물이 안 나오네,

재탕 삼탕 막탕까지 악다구니로 연탕 뛰고,
베테랑 경주마의 진면목은 여기서 다가 아닌데
찾아온 관음의 관중들 해탈해 돌아갈 수 있도록
극진히 공양해야 하는데
헐어 딱정이 진 밑문 오늘따라 오기로도 열리지 않고
고향에 두고 온 이복동생들 안부가 궁금해
달리다 말다 달리다 말다
잡념이 부어올라 자꾸 몸의 물길이 마르네.

—이기와, 「경주마」 전문

신체를 일반적으로 '몸'이라고 할 때, 몸은 자본의 형성 과정에서 가장 명징한 징표라 할 수 있습니다. 몸이 곧 자본의 생산 주체가 되는 것이지요. 이런 맥락에서 살펴볼 때 이기와의 시 「경주마」는 현대 사회의 전형적인 패러다임입니다.

이 시의 화자는 경주마처럼 "오기의 발굽 차고 달리는 말"입니다. 시적 화자와 '경주마'를 통해 현대 사회의 모순을 극명하게 보여주는 것이지요. '경주마'는 오늘의 세상을 살아가는 우리들의 자화상인지도 모릅니다. 이는 자본주의가 경

제 주체인 생산수단의 소유자와 생산수단을 소유하지 않은 노동자와 어떤 관계에 놓여 있는가를 단적으로 드러내주기 때문입니다. 즉, 비경제적인 관객이 주체가 되고, 생산의 주체인 노동자(말)가 객체로 전락되고 있음을 입증합니다. 역설적이게도 생산의 주체인 말은 오로지 경마에 참여하는 객체(관객)들을 위해 그들이 “해탈해 돌아갈 수 있도록/극진히 공양해야” 합니다. 생산의 주체인 말은 객체로의 소신공양만이 미덕이요 생의 전부인 것처럼 보입니다. 따라서 ‘경주마’가 나타내는 상징성은 자본의 총화, 이타적 삶의 양상을 극단적으로 보여주는 좋은 본보기라 할 수 있습니다.

자본주의는 생산력의 발전을 급속하게 이루었습니다. 전근대적인 속박을 타파하고 자연의 위대한 지배력을 인간 중심 위에 올려놓았지요. 물질적인 면에서는 상상을 초월한 발전을 거듭한 것도 주지의 사실입니다. 그러나 인간이 인간을 착취하는 데에 자본주의의 근본적인 모순이 발생하는 것이겠지요. 자본이 고속화될수록 오히려 더욱 가혹한 행태의 노동 착취가 나타나기 때문입니다. 자본가 계급은 생산의 주체가 아님에도 불구하고 사회적 생산력의 결과를 독점할 뿐만 아니라 그 혜택도 독차지합니다. 노동자는 생산의 주체임에도 불구하고 충분한 대우를 받기는커녕 오히려 자본가들에게 착취당함으로써 사회적 약자로서 언제나 밑바닥의 기층을 이루고 있습니다.

이기와의 시는 그런 면에서 설득력을 가집니다. '경주마'를 "눈감고도 밤의 트랙을 완주하는 사창의 말"로 전이시킴으로써 그 결승점은 언제나 저속할 수밖에 없음을 극단적으로 보여줍니다. '경주마'나 사창가에서 몸을 파는 행위의 결과는 너무나도 빤하기 때문입니다. 그 삶은 영광의 삶이 아니라, 언제나 입에는 재갈을 물고 "비명의 갈기 휘날리며" 달리는데 있습니다. 그 결과로 사타구니에는 "피, 고름, 진땀" 등으로 가득하고, 음순은 "빨래처럼 비벼 빨려 찢겨"져 삶의 처절함을 보여줍니다. 이때 "피, 고름, 진땀"의 분비물은 자타적 삶의 양상이 아니라 이율배반적인 이타적 삶의 결과라 할 수 있습니다. 즉, 생산의 주체가 희생양으로 종말이 되는 비극적 파편들입니다.

결승점을 향해 달리던 '경주마'는 어느 순간 자신의 모습이 예전의 몸이 아님을 간파합니다. 그러나 마지막 종소리가 나기 전까지는 앞만 보고 죽기 살기로 달려야만 합니다. 속도가 속도를 위반하며 달려야 하는 세상, 그것이 '경주마'의 운명입니다. 삶의 비극은 여기서 시작되는 것이지요. "기별 없이 먼 산에 단풍도 후다닥 져/통, 물이 안 나오"는 자신을 보게 될 테니까요. 이렇게 시간은 기별 없이 한생을 깊은 벼랑 끝으로 내몹니다. 생산의 주체로 우뚝 서지는 못했지만, '경주마'에게도 소중한 삶을 꿈꾸었던 봄날이 있었을 것입니다. 또한 녹음으로 우거진 숲 속을 뽐내며 달리고 싶었던 여름도 있었을 것이며, 달리다가 힘들면 그늘 속으로 들어가 한가로이 풀을 뜯으며 쉬고 싶었던 때도 있었겠지요. 그러나 어느덧 가을, 먼 산의 붉은 단풍은 찬바람에 떨어져 나가고 몸에서는 물도 나오지 않습니다. 이때의 '물'이란 생산성이 정지된 파국의 삶을 말합니다. 따라서 몸이 몸으로 생산성을 지니지 못할 때 그 몸은 이미 몸이 아닌 게지요.

관객을 위해 '경주마'는 자신의 처지를 뒤돌아볼 틈도 없이 앞만 보고 달려왔습니다. "재탕 삼탕 막탕까지 악다구니로 연탕 뛰"는 것은 오로지 생산의 비주체자들(관객)을 위한 소신공양으로, 그들의 행복만을 위해 존재했을 뿐입니다. 비록 자신의 삶을 살아가지 못하지만 그래도 '경주마'는 앞만 보고 달림으로써 자신의 기능과 역할을 다했던 것입니다.

자본의 논리도 마찬가지이겠지요. 생산의 잉여물을 창출할 때만이 노동의 가치를 인정받기 때문에 더욱 그러하겠지요. 하물며 '경주마'의 삶은 어떠하겠습니까. 폐마의 운명을 생각해보세요. 그렇게 되지 않기 위해서는 기를 쓰고 달릴 수밖에 별다른 길이 없습니다. 결승점을 향해 "헐어 딱정이 진 밑문"을 열기 위해 오기로라도 몸을 열어야 합니다. 그런데 무엇이 그를 자꾸만 나락 속으로 끌고 들어가는 것인가요. 이쯤 되어서 시적 화자는 고향으로 머리를 둡니다.

시적 화자가 고향에 두고 온 이복동생들의 안부를 궁금해하는 것은 고향이 안식처로서의 공간이 아니라, 또 다른 삶의 비극적 양상을 보여주기 위한 장치라 할 수 있습니다. 출신 성분에서 드러나듯이 이들의 삶이 평탄치 못함을 단적으로 드러내줍니다. 따라서 그들은 버려져 있거나, 나와 같이 곤궁한 처지에 놓인 사람들일 것입니다. 즉, '경주마'가 자본의 희생양으로 살아가는 것처럼 이들 역시 또 다른 슬픔을 지니고 사는 '경주마'인지도 모르겠습니다. 이는 이기와 시인의 의도된 시적 태도로 보입니다.

이기와의 「경주마」를 읽으며, 당신은 참 행복하다는 생각을 해봅니다. 당신은 삶을 실현하는 방법으로 재화 대신 자연의 이치를 따릅니다. 당신의 생명을 유지하는 데에는 천태산의 햇빛과 물이면 족합니다. 당신은 이윤 획득을 목적으로 삶을 도구화하지 않으며, 노동의 상품화가 전제되지 않은 천연의 아름다움만 보여줍니다. 도구화된 삶의 흔적은 전혀 보이지 않으니 말입니다. 당신의 삶의 배후에는 삶에 대한 무한한 경외감으로 가득하기 때문입니다.

내 몸에는 시인이 살아 있다

세상이 온통 만산홍엽으로 들어갑니다. 당신도 노란 은행잎으로 천태산을 환하게 밝히고 있습니다. 당신 곁에서 나는 행복합니다.

지난주에는 대청댐을 다녀왔습니다. 청주대학교 강의를 마치고 영국사로 돌아오는 길에 고속도로를 타지 않고 국도를 따라 그곳을 찾았던 것이지요. 차창 밖으로 흘러가는 풍광을 보며 가을 정취를 흠뻑 느껴보고 싶었지요. 코스모스, 샐비어가 길가를 환하게 빛내고 있었습니다. 야산 기슭에 핀 구절초와 쑥부쟁이를 보는 재미도 쏠쏠했습니다. 무엇보다 대청댐 갈대숲은 지친 마음을 한숨 내려놓고 쉬게 하였지요.

수업으로 몸이 많이 지쳐 있었지만 대청댐까지 가는 길은 당신을 보는 것만큼이나 즐거웠습니다. 운장 김대현 시인을 만났던 것이지요.

김대현 시인은 불교를 삶의 원리로 삼으며 일생을 호젓하니 살다 가신 분으로 우리 시대 보기 드문 불교 시인 중의 한 사람입니다. 시인은 2003년 속초 월해사月海寺에서 『바른 한글 능엄경』을 집필하던 중 와병으로 충남대 병원에 입원하였다가 그해 6월 19일 향년 83세를 일기로 운명하셨습니다. 평소 그를 아끼고 사랑하던 지인들이 그의 죽음을 애도하며 뜻을 기리기 위해 대전 대청댐 한편에 시비를 세웠는데, "하늘이 와서 쉬나니/강물이 어이 자리오"(「강」)라는 시구가 새겨져 있지요. 하늘과 강물이 조화를 이루는 이원화합의 정신세계를 펼쳐 보여주는 이 시는 선시禪詩처럼 무아 정적의 삶에 토대를 두고 있음을 보여줍니다.

나는 김대현 선생님과의 만남을 통해 불교의 깊은 사유의 세계를 깨닫게 되었고, 선생님은 내가 시인으로 나서는 길에 커다란 영향을 주셨습니다. 그분을 처음 만난 것은 충남고등학교 2학년 2학기로 기억됩니다. 그때 나는 정상적인 삶을 영위하지 못하고 정신적인 방황으로 산천을 떠돌며 다니던 때였습니다. 그런 나를 안타깝게 지켜보던 친구들의 권유로 대전 '대한생활불교' 회관을 찾게 되었지요. 시인은 오랜 교단생활을 접고 불교의 생활화를 위해 선도적인 활동을 펼치고 계셨답니다. 또한 문학인 저변 확대를 위해 불교회관 내 '보리수문학회'를 창립하여 후학을 지도하고 계셨지요. 선생님은 내게 불교의 실천 원리를 깨우쳐주시고 시를 쓸 수 있도록 지도해주신 고마운 분이지요.

그러나 나는 죄송스럽게도 선생님을 자주 찾아뵙지 못하였습니다. 대학 졸업 후 곧바로 서울 생활을 하게 된 이유도 있지만, 그보다는 '보리수문학회'를 맡아 달라는 선생님의 간곡한 부탁에서 벗어나고픈 짧은 생각에서 그러했던 것 같습니다. 그러나 선생님은 섭섭한 속내를 단 한 번도 드러내신 적이 없었습니다.

나는 아주 가끔 선생님께 안부 전화만 드렸을 뿐 직접 찾아뵙지는 못하고 지냈었습니다. 그러다가 1991년 가을 무렵 첫 시집 『벙어리 연가』 출판기념회를 영동문화원에서 가졌었는데, 그때 선생님께서 찾아주셨지요. 어디서 출판기념회

소식을 들으셨는지 손수 찾아오셔서는 축사까지 해주셨으니, 한편 기쁘면서도 송구스럽기가 이루 말할 수가 없었습니다. 그것이 선생님과의 마지막 인연이었던 것 같습니다.

가을이 깊어가던 어느 날, 나는 대청댐에 세워진 시비를 통해 선생님을 다시 만나게 되었습니다. 선생님의 따스한 눈빛이 하늘을 물들이고 있는지 가을 하늘은 마냥 짙푸르게만 느껴졌습니다. 잔잔한 강물 위로 그 하늘이 내려와 쉬고 있는지 강물도 전에 없이 시푸르게 넘실거리는 것만 같았습니다. 나는 그런 하늘과 강물을 번갈아 바라보면서 선생님의 시를 되새겨보았습니다.

울리긴 울려야
절실한 느낌이 울리긴 울려야
물방아 소리라도 남아
우리네 인정의 그리움
바라다보면서
만져보면서
닦이는 쌀알도 알알이

새삼 고웁네

맴

맴

누구의 음성 기다리고 있음인가,

갓 피어나는 杏挑花의 미소

매암도는

맴

맴 山 하나 씻어 내리는 물소리

—김대현, 「물방아」 전문

이 시는 고등학교를 졸업한 후에도 오랫동안 나를 지배하였습니다. 맑은 서정이 좋았고, 이 시를 읽으면 감로수를 마신 것처럼 가슴속까지 시원했습니다. "울리긴 울려야/절실한 느낌이 울리긴 울려야/물방아 소리라도 남아/우리네 인정의 그리움/바라다보면서/만져보면서" 살고자 노력했습니다. 내가 천태산 절집 뒷방에 머물면서 당신 곁에 있는 것도 이와 같은 마음입니다. "우리네 인정의 그리움"을 당신에게서 배우고 익히는 것일 테니까요.

金大炫詩碑
江
하늘이 와서 쉬나니
강물이 어이 자리오

선생님께 시를 배우고 불교를 배우던 시절이 새삼 그립습니다. 그분이 있었기에 오늘의 내가 있는지도 모릅니다. 어찌 나뿐이겠습니까. 많은 이들이 그러하지요. 선생님이 만들고 지도했던 대한생활불교회 '법륜'과 '보리수문학회' 출신 문인들이 그렇지요. 이들은 어느덧 불혹의 나이를 지나 오십을 바라보고 있습니다. 소설가 윤대녕, 시인 이종진, 문학평론가 박수연 등 저마다 제 자리에서 뚜렷한 문학적 업적을 쌓아가고 있지요.

가을이 점점 깊어갑니다. 저 물소리만큼이나 시인을 그리는 마음도 더욱 깊어갑니다. 시인을 그리며 오랫동안 시비를 어루만졌습니다. 그리고 돌아설 때였지요. 순간 가슴이 뜨거워지고 호흡이 가쁘게 떨려오는 것을 느꼈습니다. 하늘에도 강물에도 아니 계시던 선생님이 어느새 내 깊은 마음속까지 들어와 메마른 나의 영혼을 따스하게 감싸주고 있었던 거지요. "하늘이 와서 쉬나니/강물이 어이 자리오." 선생님 없이 어찌 제가 있겠습니까. 당신 없이 제가 없는 것과 마찬가지이지요.

선생님은 이제 이 세상에 계시지 않습니다. 선생님이 남기신 시와 불교를 생활화하기 위해 심혈을 기울여 편찬한 불교 서적만이 있을 뿐입니다. 그러나 선생님은 가시지 않았습니다. 내 몸속에는 시인이 살아 있습니다. 그분으로 인해 시가 있고, 불교가 있고, 당신이 있습니다.

감나무의 추억

내 사랑하는 당신, 당신 곁에도 감나무가 몇 그루 서 있지요. 영동이 감골이고 보면 어디에서나 감나무를 볼 수 있다는 건 어쩌면 당연한 일인지 모르겠습니다.

나의 고향집에는 큰 감나무가 한 그루 있었습니다. 동네에서 가장 큰 감나무 중 하나였지요. 언제 심은 건지는 정확히 알 수 없지만 아마도 할아버지의 할아버지가 심지 않았나 생각합니다.

감나무는 가장 늦게 잎을 달고 나서 꽃을 피웁니다. 다른 과수들이 꽃을 피우고 지운 다음에야 잎을 다는 것과는 달리 감나무는 먼저 잎을 달고 나오는 거지요. 나의 소년기는 감나무와 함께 시작됩니다. 감나무가 있음으로 해서 소년은 꽃 피는 봄부터 눈 내리는 겨울까지 행복할 수 있었지요. 지금도 감나무에 대한 향수는 아련하기만 합니다. 유년 시절을 함께한 감나무는 여러 가지 잊지 못할 추억을 아련히 간직하고 있지요. 당신 곁에서 유년을 회상하고자 합니다.

감꽃은 5월 중순 전후로 피어나기 시작합니다. 어린 감잎 사이로 하얗게 핀 감꽃과 함께 봄날은 아름다웠습니다. 먹을 게 풍족하지 못했던 시절 감꽃은 주린 배를 채우기에는 턱없이 부족했지만 삐삐, 진달래꽃, 찔레꽃과 마찬가지로 먹어도 먹어도 질리지 않는 먹을거리로 사랑을 받았지요. 어디 그뿐이겠어요. 떨어진 감꽃을 주워 실에 꿰어 목에 걸면 근사하기 이를 데 없었지요. 배가 고프면 실에서 하나하나 떼어내어 먹는 재미도 쏠쏠했고요. 저녁연기가 피어오르는 골목길을 끼고 너울너울 춤추며 지는 감꽃을 생각해보세요. 감꽃이 지고 나면 손톱만 한 감알은 땡볕에 푸른 열기를 더해가면서 커가는 것이었지요.

여름 방학이 되면 온종일 감나무와 더불어 지내곤 하였습니다. 감나무에서 떨어져 널브러진 무지렁이 감을 줍거나 가지에 아스라이 매달린 반물렁이 감을 따서 떫은맛을 지우기 위해 소금물에 담가 먹기도 하였습니다. 그것뿐만이 아니라 감잎을 따서 지전놀이를 하기도 하고, 감잎으로 물을 내어 그림을 그리며 놀기도 하였답니다.

감나무는 새들이 한 살림을 차릴 수 있도록 자리를 내주는 데에도 인색하지 않습니다. 그리하여 감나무에는 멍새를 비롯해 온갖 새들이 저마다 각기 다른 집을 짓고 삽니다. 새들이 알을 낳고 달포쯤 지나면 새끼들이 알을 깨고 세상에 나옵니다. 우리는 그 새 새끼들이 얼마나 컸는지 궁금해서 하루에도 몇 번씩 감나무를 오르내리곤 하였습니다. 날지도 못하는 새 새끼를 감나무 둥지에서 내려 집으로 가져오기도 했는데, 새장에 가둬 키워보겠다는 욕심에서였지요. 그러나 늘 빗나가는 것이었습니다. 새 새끼는 일주일도 넘기지 못하고 죽어버리기 일쑤였으니까요. 새끼를 빼앗기고 울어대던 어미 새가 지금도 눈앞에 선합니다. 참으로 몹쓸 짓을 한 거지요.

나는 날다람쥐처럼 감나무를 잘 타는 소년이었습니다. 부모님께 꾸중을 듣거나 매를 맞게 될라치면 재빨리 감나무를

타고 올라 그곳에 몸을 숨기곤 하였답니다. 하루는 무슨 잘못을 크게 저지르고는 단단히 화가 나신 아버지의 고함 소리가 나기 무섭게 잽싸게 감나무에 올랐습니다. 그리고 땅거미가 내리고 어둠이 골목을 덮을 때까지 감나무에서 내려오지 않았지요. 감나무에 숨은 나를 발견하지 못한 부모님은 동네방네 뒤지며 나를 찾고 있는 것이었습니다. 배도 고프고 무섭기도 한 나는 마침내 울음을 터뜨리고 말았지요. 그러자 부모님은 감나무 밑에 다가와 아무 일도 없으니 어서 내려오라고 조용히 한 말씀 건네는 것이었어요. 나는 감나무에 얼마간 더 붙어 있다가 못 이기는 척 내려와서는 또다시 울음을 터뜨렸지요.

감나무에 대한 추억은 고향의식과도 맥을 같이합니다. 대전에서 고등학교를 다녔던 터라 방학 때나 고향을 찾게 되는 경우가 많았지요. 잠시 감나무를 잊고 살았던 시기이기도 합니다. 고등학교를 졸업하기 전 첫눈이 내릴 때 고향을 찾은 적이 있습니다. 영동역에 내렸을 때 첫눈에 들어온 게 있었습니다. 하얀 눈 속에 살포시 드러나 있는 붉은 감! 앙상한 감나무에 매달려 있는 붉은 감을 바라보았던 그날의 감격은 아주 색다른 것이었습니다.

그토록 오랫동안 보아왔던 감이었는데요, 그것은 새로운 떨림으로 나의 가슴을 적셔주었습니다. 첫눈이 내리고 있었기 때문일까요. 붉은 감 위에 눈이 내려 황홀한 풍경을 자아내고 있었기 때문일까요. 그 풍경은 한참이나 나의 발걸음을 감나무 곁에 매달아놓았답니다. 첫눈이 올 때까지 앙상한 가지에 남아 있는 것도 신기하거니와 어떻게 표현해야 할지 모를 풍경에 더욱 놀랐기 때문이지요.

당신이 서 있는 영동은 어디를 가도 감나무가 즐비하답니다. 비탈진 언덕배기, 험한 산비탈, 논둑 밭둑 어디에도 감나무가 있습니다. 집집마다 빈터가 있으면 어김없이 감나무가 심어져 있답니다. 읍내 가로수가 감나무이고 보면 영동은 감골이 분명합니다. 당신을 가운데 두고 사방으로도 감나무가 보이잖아요. 그렇지요?

감나무에 대한 기억은 이루 헤아릴 수 없이 많답니다. 지금은 당신 곁에서 당신과 함께 행복한 삶을 꾸리고 있지만, 이곳에 있기 아주 오래전 일이지요. 아마도 가을에서 겨울로 넘어가는 길목으로 기억됩니다. 시내를 걷다가 우연히 감나무에 '제2회 영동 문학의 밤' 현수막이 걸린 것을 보았지요. 그 무렵 나는 문학병을 앓고 있던 때라 반가운 나머지 문학의 밤이 열리는 장소로 한걸음에 달려갔습니다. 행사가 끝나고선 감나무 언덕의 포장마차에서 술도 얻어먹고 했는데, 그날 밤 제 가슴은 붉은 감처럼 아주 붉게 물들었답니다.

오늘은 당신 곁에서 감나무를 바라봅니다. 감나무와 함께한 삶은 세속적 삶과는 거리가 먼 삶이라 할 수 있겠지요. 번잡하지 않은 순수한 열정으로 살아갔던 삶 말이에요. 당신과 함께하는 삶이 그러합니다. 감나무가 유년의 삶을 같이했다고 한다면, 불혹을 넘긴 지금은 당신과 함께하는 삶이라 할 수 있지요. 나는 나무로 하여 참으로 행복한 삶을 꾸릴 수 있었습니다.

가을이 깊어갑니다. 당신도 감나무도 천태산의 모든 나무들도 깊어가는 가을입니다. 나도 당신 곁에서 깊어가고 싶습니다.

섣달그믐 밤

한 해를 마감하는 시간이 얼마 남지 않았습니다. 누구나 지난날들을 쉽게 지울 수 없을 것입니다. 뒷방에서 생활하는 동안 천태산 북고개 너머의 하늘에 자주 머리를 두고 서울을 생각할 때가 많았습니다. 저 고개만 넘으면 금방 서울에 가 닿을 수 있을 것만 같은데, 그곳으로 달려가기만 하면 그리운 문우들을 만날 수 있을 텐데, 어이하여 나는 첩첩산중 절집 뒷방에 틀어박혀 그리움만 키우는 것일까요.

서울에서의 생활은 참으로 분주했던 날들이었습니다. 이른 아침부터 밤늦은 시간까지 많은 사람들과 부대끼며 살았지요. 만나는 사람들은 대부분 창작과 관련된 사람들로, 시인이나 작가, 화가들이었지요. 언론사 문학 담당 기자들과도 자주 만나곤 했는데, 이 모든 만남에는 술이 따르게 마련이었지요. 아니, 술을 찾아서 그들을 만났는지도 모르겠습니다. 삶을 이루는 것으로 예술이 가장자리에 있었다면 좀 과장일까요. 아무튼 난 시를 열심히 쓰지는 않았지만 그 열의는 남 못지않았던 것 같습니다. 시 대신 술로 시를 쓰던 시대, 인사동은 그런 면에서 많은 이야깃거리를 내장하고 있답니다. 어쨌든 예藝와 술酒로 행복했던 시절이었습니다.

서울을 떠났다고 해서 어찌 모든 것들을 잊을 수가 있겠습니까. 잊고자 한다고 해서 잊히는 것도 아니겠지만요. 내가 살아갈 세상이 이제껏 살아왔던 세상과 다르다는 것을 잘 알고 있습니다. 그러나 그리운 것들을 먼지 털어내듯 홀가분하게 털어내면 얼마나 좋겠어요. 털어내지 못하고 산다는 것은 그리움보다 아픔입니다. 억지로 지우려 하지 않으렵니다. 그냥 가슴에 담고 살아가렵니다. 즐겁고 행복했던 순간들만이 아니라 슬프고, 아프고, 고통스러웠던 날들까지도 온전히 가지고 가렵니다. 서울의 하늘이 가까이 있는 것처럼 보이는 것도 그 때문인지 모르겠습니다.

어느덧 한 해가 저물어가고 있습니다. 천태산 영국사 뒷방에 든 이후 당신 곁에서 새해를 맞습니다. 당신 곁에서 묵은 해를 보내고 망탑봉에 올라 새해를 맞이할 것입니다. 서울을 생각하며 화정을 생각하고, 무엇보다 내 속에 한 몸이 되어 있는 당신을 기리며 한 해를 맞이할 것입니다.

사람들은 지난 것들을 잊고 새 삶을 찾으려는 의미에서 새해를 맞이하려는 것 같습니다. 그것은 지난 시간들에 대한 의미를 축소하기보다는 보다 나은 삶을 지향하는 하나의 의식이겠지요. 새날 새 아침에 해맞이를 하려는 뜻이 여기에 있는 것이지요. 그러나 나는 저무는 한 해를 보다 소중하게 담고 싶습니다. 새로운 날을 맞이한다는 것 자체로 지난날의 소중했던 인연들을 지우고 싶지 않기 때문입니다.

사람들은 집을 떠나 동쪽으로, 강을 건너고 산을 넘어 동해로 달려갑니다. 새날을 맞이하려는 그 마음을 잘 알고 있습니다. 새로운 날에 대한 동경, 무슨 큰 의미를 담기보다는 새날 새 아침 붉은 해를 본다는 것만으로도 삶이 환희로 바뀌는 것이겠지요. 그러나 나는 당신과 함께 오늘 밤을 절집 뒷방에서 보낼 것입니다.

나도 새날 새 아침을 맞이하기 위해 동해를 찾은 적이 있었지요. 울산 어딘가에서였는데요, 기억도 잘 나지 않습니다. 어머니 생신을 울산 누님 댁에서 치를 때였습니다. 그날이 마침 한 해를 떠나보내고 새해를 맞이하는 오늘 같은 날이었지요. 저녁 늦게까지 술잔을 비우며 텔레비전을 보다가 잠깐 눈을 붙이고 가까이 있는 바닷가로 가게 되었는데요, 가는 길마다 차들로 넘쳐나 아주 고생했지요. 그래도 새해 해돋이를 바닷가에서 볼 수 있다는 기대감으로 마음이 설레는 것은 어쩔 수 없었어요. 그러나 그것도 잠시, 바닷가에 도착하자마자 실망이 컸지요. 무슨 야시장 같은 분위기가 참 그래 보였어요. 포장마차도 그렇고, 술에 취한 사람들이며 도떼기시장 같은 분위기가 영 마땅치 않았어요. 해맞이도 장사가 되고 있구나 하는 씁쓸한 마음에 보고자 하는 해돋이는 보지 못하고 사람 구경만 하고 돌아오고 말았지요. 날씨는 왜 그리 추웠는지, 눈보라까지 겹쳐 고생만 실컷 하고 온 셈이지요. 그날 이후 나는 해돋이를 보러 동해로 갈 생각을 아주 접어버렸답니다.

새해를 천태산 영국사에서 맞고 싶습니다. 천태산을 넘어

가는 한 해의 마지막 해를 당신 곁에서 바라봅니다. 천태산의 겨울 해는 빨리 집니다. 어둠이 빨리 은행나무를 덮는 것이지요. 어둠 속에서 한 해를 마감하고 싶습니다. 나에게는 새로운 날들보다는 지나온 시간들이 더욱 아름답고 소중합니다. 그 추억들을 당신 곁에서 다시금 새기고 싶습니다.

어제가 아름답습니다. 내가 만났던 많은 사람들, 그들과 떨어져 나는 고립무원孤立無援의 산방에 혼자 머물고 있습니다. 절집 뒷방에 든 이후 나는 한시도 서울을 잊은 적이 없습니다. 민예총, 실천문학, 화정, 다 그리운 이름입니다. 나는 그것으로 삶을 얻었으며, 그것으로 삶의 기쁨도 슬픔도 가졌던 것이지요. 어찌 다 잊고 살 수 있겠습니까.

불가의 표현을 빌리자면, "만나면 언젠가 헤어지기 마련이고會者定離, 떠난 자는 반드시 돌아올 것이며去者必返, 태어난 자는 반드시 죽는다生者必滅."라는 글귀가 있지요. 그러나 서울은 내게 영원한 존재였던 것이지요. 집이 있었고, 직장이 있었고, 그리운 사람들이 있었으니까요. 그것들은 내게는 영원한 시와 같은 소중한 무엇이었지요. 마음속 깊은 곳에 자리한 본래의 마음이지요. 그것으로 인해 나는 시와 함께 다시 태어날 수 있었으니까요.

당신 곁에서 한 해를 접습니다. 그리고 당신과 함께 이른 새벽 망탑봉에 오를 것입니다. 헤어지지 않고 천년을 사는 양식을 얻을 것입니다. 내 사랑하는 당신, 은행나무 가지에 별빛이 새록새록 피어나는 밤입니다.

영국사 뒷방 기거 시인 양문규

조용호(소설가, 세계일보 기자)

"너무 외로워 울기만 했지요, 시를 만난 후 살 것 같았어요. 이 방에서 참 많이 울었네요. 꽃이 피면 핀다고, 눈이 오면 온다고, 그리운 사람들에게 전해야 될 텐데 나가지는 못하고 문자만 수천 통 날렸을 겁니다."

충북 영동군 천태산 영국사 뒷방. 두 평짜리 쪽방 앞으로 흐르는 개울물 소리를 배음背音으로 시인은 지난 5년 동안의 외로움에 대해 얘기하는 중이다. 유난히 가슴에 습기가 많고 사람을 그리워하는 체질이 있는데, 양문규 시인은 그중에서도 가장 전형적인 경우일 것이다. 어렸을 때부터 자주 울어서 모친이 매미 허물을 삶아서 먹인 적도 있다고 하니 더 이상 설명이 필요 없을지도 모르겠다.

5년 전, 바쁘게 뛰어다니던 서울살이를 청산하고 그는 스스로 고향 땅에 유배되었다. 고향 인근 천태산 영국사에서 불사佛事를 벌일 때 인부들 숙소로 쓰던 판잣집 방에 들었다. 이후 주지 스님과 함께 대나무를 베어 잘라, 겉모습이 흉한 판잣집 외벽에 붙여 거처를 대나무집으로 바꾸었다. 그는 영동읍에서 한참을 나와 도로변에서도 비좁은 산길을 힘겹게 올라가야 당도하는 천태산 영국사 대나무집에 틀어박혀, 눈과 비와 꽃과 은행나무에 마음을 비끄러매고 살아온 것이다.

1989년 한국민족예술인총연합(민예총)이 출범할 무렵 신경림 시인이 그를 불러 올려 민예총 실무를 맡게 되면서부터 본격적인 서울살이가 시작됐다. 청주대 국문과를 졸업한 뒤 1년간 서울에서 잡지사 기자로 살았지만 적응을 못하고 낙향했던 터였다. 같은 해 『한국문학』에 시를 발표하며 시인으로 데뷔한 뒤 1991년 첫 시집 『벙어리 연가』를 펴낸 그였지만, 이후로는 자신의 시를 위해서 살지 못했다. 그의 일이란 대부분 전면에서 주인공으로 활약하는 일이라기보다는 뒷전에서 생색은 나지 않지만 헌신적으로 뒷바라지하는 역할이었다. 외로운 문인들의 술벗이 되어주고 행사 실무를 맡아 이리 뛰고 저리 뛰는 삶이었다. 한 번은 고은 시인이 그를 두고 "너의 에너지는 내 삼십 대와 비슷하다"며 "제발 너 자신을 위해 좀 살아라" 하고 충고한 적도 있었다.

민예총에서 3년간 복무한 뒤 그는 실천문학사에 자리를 잡았다. 이곳에서도 일복이 기다리고 있었다. 실천문학사를 주식회사로 전환하는 작업을 도맡아 하고 IMF 국면에서 어려운 출판사를 살리기 위해 동분서주했던 그는 그러나 결국 구조조정의 명목으로 1998년 퇴출당했다. 전후관계와 속사정이야 그 자신만이 알겠지만, 이 일을 계기로 그는 사람 관계와 각박한 서울살이에 심각한 내상을 입었던 듯하다. 그리하여 그는 스스로 유배의 길을 떠났다. 10여 년 동안 살던 경기도 화정을 떠나며 그는 이런 시를 남겼다.

집을 비운다/모든 것이 일순간//솟구치고 솟구치는 검붉은 피/땅속 깊이 스며//옛 생각 껴안고/나지막하게 엎드려 울 때/저 밖의 바람//꽃나무의 비애 외면하고/화정을 떠난다.(「화정花井을 떠나며」 부분)

이 시에도 울음이 나오거니와 양문규에게 '운다는 것'은 태생의 인연인 듯하다. 인삼 농사를 짓는 부모 밑에서 태어나 영동에서 어린 시절을 보낸 양문규는 인근 대처인 대전으로 초등학교 6학년 때 유학을 갔는데, 적응을 못하고 하도 울어대는 바람에 '애 버리겠다'고 담임과 부모가 합의해 다시 영동으로 돌아왔다. 고등학교 입시가 엄혹하던 그 시절, 부모는 자식의 장래를 위해 다시 대전으로 고등학교를 보냈다. 이 정 많고 외로움 많이 타는 소년은 고교 시절 문학반에 드나들면서 드디어 그 외로움의 극복 방안을 찾아냈다. 외로워서 죽어버릴 것 같은 심정도 시를 쓰면 어느 정도 안정이 되었다. 시를 쓰면, 이 세상이 아무리 외로워도 제대로 살아낼 것 같은 자족감이 들었다. 그 길이 지금까지 업이 되어버렸다.

수많은 사람들 사이에서, 술집과 술판 사이에서, 일과 일 사이에서 정신없이 살던 리듬을 자의반 타의반 하루아침에 뚝 끊어내고 깊은 산속 영국사 뒷방에 스스로를 가두었을 때, 울음 많은 사내의 심정이 어떠했을지 상상하기 어렵지 않을 터이다. 영국사에 사는 수령이 천년이 넘은 은행나무도 울었다. 천연기념물로 보호되는 이 나무는 나라에 안 좋은 일이 생기면 울음소리를 내왔던 것으로 유명하다. 실제로 양문규는 이 절에서 은행나무가 우는 소리를 직접 들었다.

"능구렁이 울음 같기도 하고 황소울음 같기도 한 끊어질 듯 이어지는 그 소리를 직접 확인했습니다. 하지만 전설은 믿지 않아요. 은행나무의 울음은 재난이나 환난을 알리는 소리가 아니라 봄을 알리는 전령, 생명의 소리 그 자체였습니다. 누대에 걸쳐 좌절과 절망을 제 울음으로 감싸고 누군가에게 사랑과 꿈을 심어주었을 것 같은 생명의 소리 말입니다. 내 삶에도 그런 큰 울음이 배어 있다면 좋겠습니다."

울음이 단지 울음이 아니라 생명의 소리라는 양문규의 발언은 자신의 울음도 결코 소모적인 울음이 아니라는 항변처럼 들린다.

그가 영국사에서 5년 동안 울기만 한 것은 아니다. 그동안 그는 「백석 시 연구—시창작방법론을 중심으로」라는 박사학위 논문을 써서 명지대 문예창작과 1호 박사가 됐다. 뿐만 아니라 첫 시집 이후 11년 만에 두 번째 시집 『영국사에는 범종이 없다』(실천문학사, 2002)도 펴냈고, 한남대와 명지대에 강의까지 나가는 세월을 시작했으니 기실 그의 인생에서 가장 생산적인 5년이었을지도 모른다.

대전역에 마중 나온 시인을 만나 영국사에 가기 전에 그의 지인들과 함께 먼저 금강 상류 어죽집에 들렀다. 바깥 하늘은 시커멓게 뭉개지면서 소나기가 내릴 태세인데 어죽 끓는 냄새 속에 사람들의 표정은 평온하고 따스했다. 금강에서 잡아 올린 '피래미뱅이'가 뜨거운 철판 위에서 몸을 뒤치기 시작할 때 시인은 영동의 감나무에 대해 말했다. 영동은 가로수조차 감나무인데, 감나무 잎에 드는 단풍이야말로 시인 김남주가 말했듯이 '조선의 마음'이라고. 가장 늦게까지 스며들듯이 깊이 물드는 감나무 잎의 단풍은 말할 것도 없고, 봄에 피는 감꽃은 다디달아서 늘 주워 먹고 목걸이를 만들며, 마지막 남은 감은 까치에게 주는 조선의 마음을 오롯이 담은 감나무는 버릴 게 하나도 없다고 자랑했다. 때가 되면 다시 서울로 올라갈 것이냐는 질문에는 단호하게 고개를 저었다.

"요즘은 대학 강의 나가랴 여기저기 원고 써대랴 외로울 틈도 없습니다. 서울은 절대 올라가고 싶지 않아요. 가능하면 고향에 정착해 살면서 영국사 일대를 물봉선, 구절초 들이 난만한 생태공원으로 만들고 싶습니다."

영국사를 다녀와 대전역에서 다시 서울 가는 기차를 탈 때는 새벽이었다. 영화에서만 새벽 대기가 푸르스름한 줄 알았는데 실제로 대전역 광장 새벽은 푸른빛으로 가득했다. 비 내리는 대전역에서 시인은 환하게 웃으며 배웅했다. 하지만 환하게 웃는 눈자위 옆으로 배어나던 물기가 이별할 때마다 흘러나오는 습기 많은 시인의 눈물인지 빗물인지, 지금도 잘 모르겠다.

> 이 세상의 가벼운 눈물 한 방울/눈을 맞춘다/눈이 길의 눈 속으로 들어간다/끊임없이,/추억의 오랜 울음을 감싸안고/그 속을 내가 간다(「눈길」 부분)

너무도 큰 당신

2011년 9월 22일 초판 1쇄 펴냄
2011년 11월 11일 초판 2쇄 펴냄

지은이 _ 양문규
펴낸이 _ 양동문
펴낸곳 _ 詩와에세이

신고번호 _ 제319-2005-000014호
주소 _ (120-865) 서울시 서대문구 북아현동 1-495 세방그랜빌 2층
대표전화 _ (02)324-7653, 070-8877-7653
팩시밀리 _ 0505-116-7653
휴대전화 _ 010-5355-7565
전자우편 _ sie2005@naver.com
공 급 처 _ 한국출판협동조합
주문전화 _ (070)7119-1741~2
팩시밀리 _ (031)944-8234~6

ISBN 978-89-92470-64-3 03810